失われたフリーメーソンの奥の院

「マン島」の謎

飛鳥昭雄・三神たける 著

mu SUPER MYSTERY BOOKS

闇の秘密結社カインメーソンと
ヘブルメーソン八咫烏の最終戦争

まえがき

文明の発祥地は大陸である。理由は簡単だ。文明を築くには、ある一定数以上の人間が必要だからだ。膨大な数の人間を擁する社会がなければ、文明は生まれない。彼らを養うための水と食料を調達するためには、大河と肥沃な土地が必要不可欠である。古代エジプト文明、シュメール文明、インダス文明、黄河文明、さらにはアマゾン文明に至るまで、すべて大陸で発祥している。

文明が発達すると、高度な文化は周辺域に伝播していく。言語や社会システム、科学技術は文明の高いところから低いところへ流れていく。幾多のイノベーションが図られるたび、それらは波紋のように広がり、やがて大陸の端まで伝播していく。沿岸部からは海の民によって海上の島々にもたらされる。結果、もっとも古い文明の痕跡は大陸の辺境、そして島々に化石のように残される。

古代エジプト文明の世界観と日本の神道に驚くほど共通点があるのは、そのためである。太陽信仰や八百万の神々、山岳祭祀＝日本ピラミッド、天照大神《あまてらすおおみかみ》の子孫による統治など、これらは、もとをただせば、みな古代エジプト文明に遡るといっても過言ではない。

●——4

世界最古の秘密結社であるフリーメーソンも、しかり。世に知られるフリーメーソンは17 17年にイギリスのロンドンでグランドロッジが結成されたことをもって近代的な組織となるが、それより以前にも、もちろん存在した。フリーメーソン自身の主張によれば、この世の初めから存在したという。ならば、その秘教的伝統もまた大陸ではなく、辺境の島々に残っているはずだ。

しばしば、フリーメーソンは世界支配を目論んでいると噂される。フリーメーソン自体は、これを強く否定するが、有力なメンバーであるロスチャイルドやロックフェラーはイルミナティや三百人委員会、ディープステイトなど、重複して陰謀組織に属しているともいう。彼らは闇の世界権力集団であると、陰謀論者からは指弾される。こうした寡頭《かとう》権力組織のひとつに「島倶楽部」がある。英語で「クラブ・オブ・ジ・アイルズ」。中心はイギリス王室である。君臨すれども統治せずのイギリス王室が支配する国々は意外に多い。カナダやオーストラリア、ニュージーランド、アメリカ合衆国もUKUSA同盟により、広義の大英帝国の一部である。

注目してほしいのは「島」である。意外なことに、21世紀の今日、王室が続いている国は、ことごとく島なのである。こうした島に残った王家の秘密組織がクラブ・オブ・ジ・アイルズなのである。イギリス王室が世界中の王家とつながりをもち、この世の裏で今も、世界に影響力を行使している。かのロスチャイルドも、イギリス王室にあっては男爵にすぎない。その上には、子爵、伯爵、侯爵、公爵、そして国王がいる。国王はもちろん、爵位に応じて、そこには騎士団がいる。エリザベス女王陛下のもとに控えるのはガーター騎士団である。メンバーにはイギリス王室からガーター勲章が贈られる。

意外に知られていないが、明治天皇以降、大正天皇と昭和天皇、上皇陛下はガーター勲章を授与されている。誤解を恐れずに極論すれば、日本は大英帝国の同盟国なのだ。天皇家はイギリス王室に連なり、クラブ・オブ・ジ・アイルズにも属していることになる。陰謀論のなかには、これをもって日本の天皇はイギリス王家の配下にあると主張する者もいるが、これには裏がある。

日本の天皇に裏天皇がいるように、イギリス王室にも裏王室がある。裏のクラブ・オブ・ジ・アイルズが存在するのだ。イギリスの裏王室は、もちろん島にある。イギリスのグレートブリテン島とアイルランド島の間、アイリッシュ海に浮かぶ「マン島」である。ここに日本の裏天皇を掲げる漢波羅《かんばら》秘密組織八咫烏《やたがらす》に匹敵する組織がある。

マン島に隠された秘密組織はフリーメーソンである。フリーメーソンのなかのフリーメーソンにして、フリーメーソンの奥の院がある。あえていうなら、欧米社会の漢波羅秘密組織八咫烏だ。おそらく日本では初めての情報公開になるだろう。

謎学研究家　三神たける

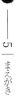

もくじ

第1部
三本足と鳥のシンボルに隠されたキリスト再臨預
知られざるフリーメーソンの奥の院「マン島」の謎

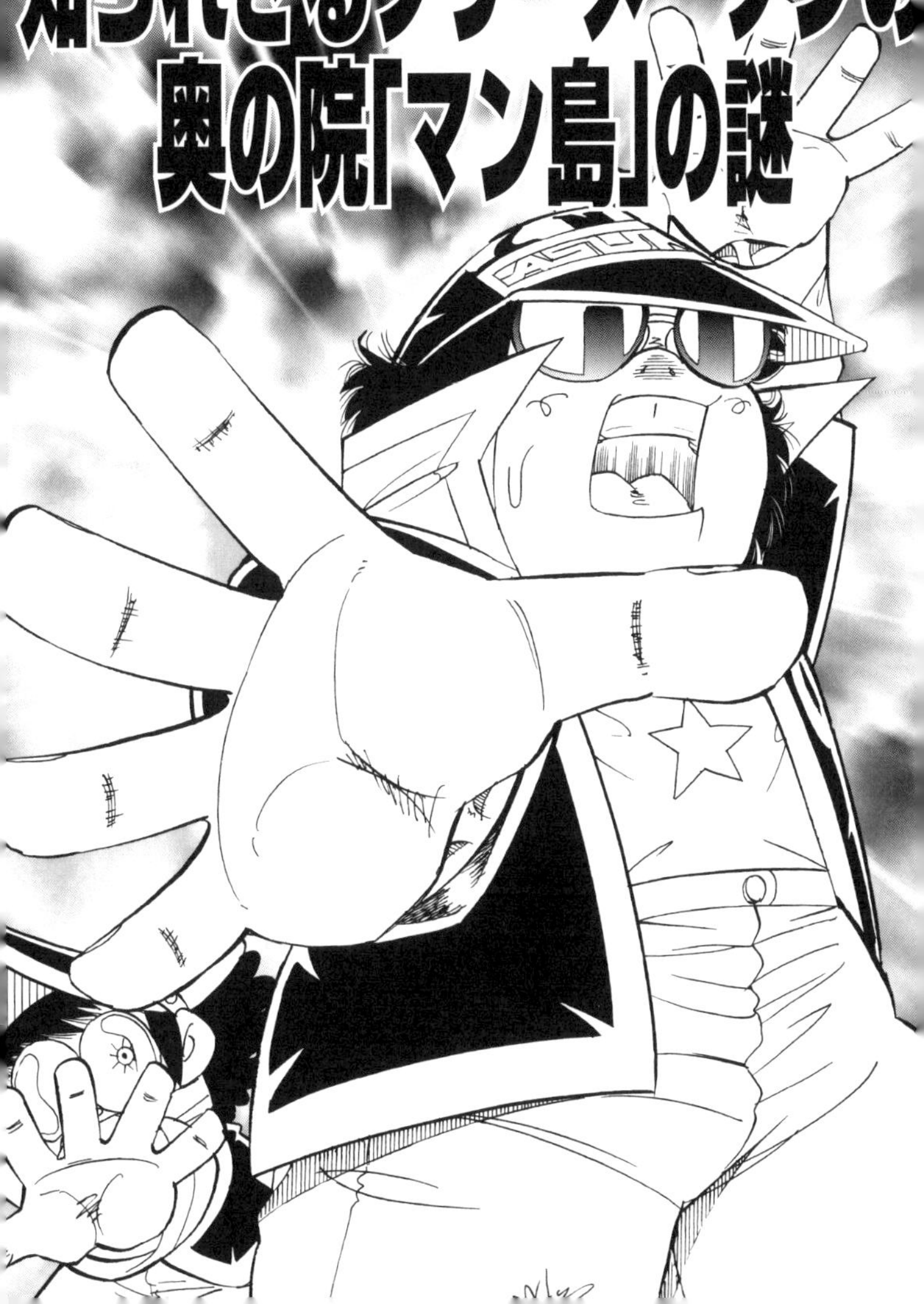

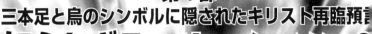

パラダイム!!
時は止まることなく
流れ
歴史も停止する
ことはない！

人類は
発展という階段を
上昇しながら
多くのターニング・
ポイントを経て
新たな発見を
戸惑いと畏敬の目で
受け入れていく！

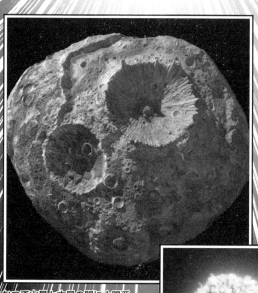

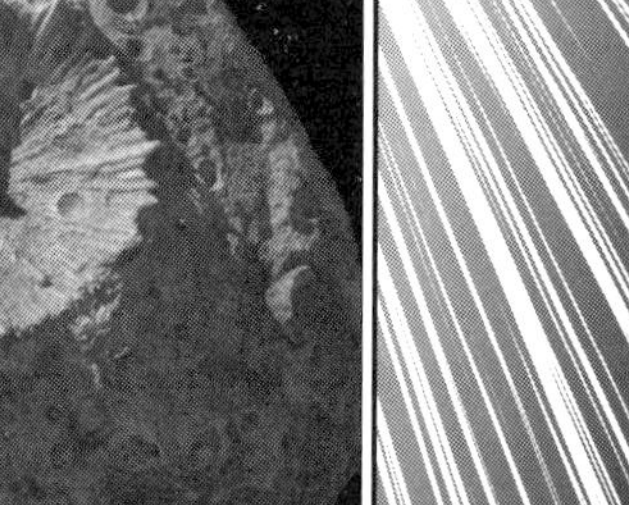

かつて火星と木星の間に太陽系
第5番惑星フェイトンが存在した！
惑星フェイトンは破壊され、
その残骸が小惑星帯となった！
直径200キロの小惑星「プシュケ」は
全体が鉄とニッケルでできており、
かつては惑星フェイトンの核だった！

私の名は
あすかあきお
漫画家です！
私は
サイエンス・
エンターテイナー
として
アカデミズムが
黙殺する
最先端情報を
暴露し
公開することを
使命としています！

その過程で
多くの
有名人や
著名人との
出会いが
あります！
俳優・タレントのなべおさみ氏と

これからも
最先端情報を
取り込みながら
ミステリー
地帯を
探索する
つもりです！

また
講演会・ツアー・
各種イベント・
SNS・CATV・
地上波TV……
そして
ラジオ・
ネット配信にも
出演しています！

また
オフィシャルサイト
「飛鳥昭雄ワールド」・
「アスカジーラ」で
さまざまな情報を
発信しています!!

〈ASKA AKIO WORLD〉

〈ASKAZEERA〉

飛鳥堂では
foomii(有料メルマガ)で
「ASKAサイバニック
研究所」(毎月800円+税)
という飛鳥情報を
毎週5本のペースで
発信しており

Amazonと
Yahoo!で
飛鳥堂オリジナル
DVDやグッズを
販売

同時に
オール飛鳥昭雄の
季刊誌「ASKA」・
「ハイパー・エレメント
ASKAシリーズ」の
新刊書・小説を
Kindle版を含めて
発行します!!

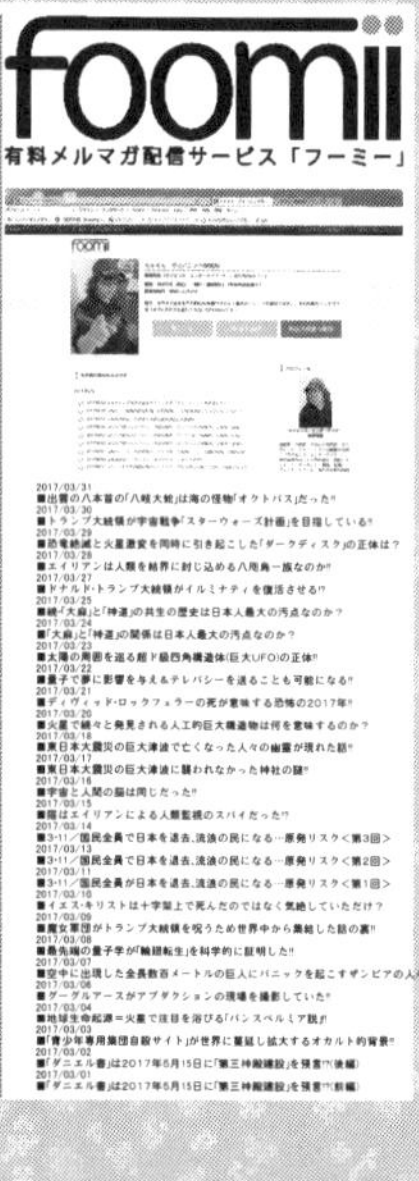

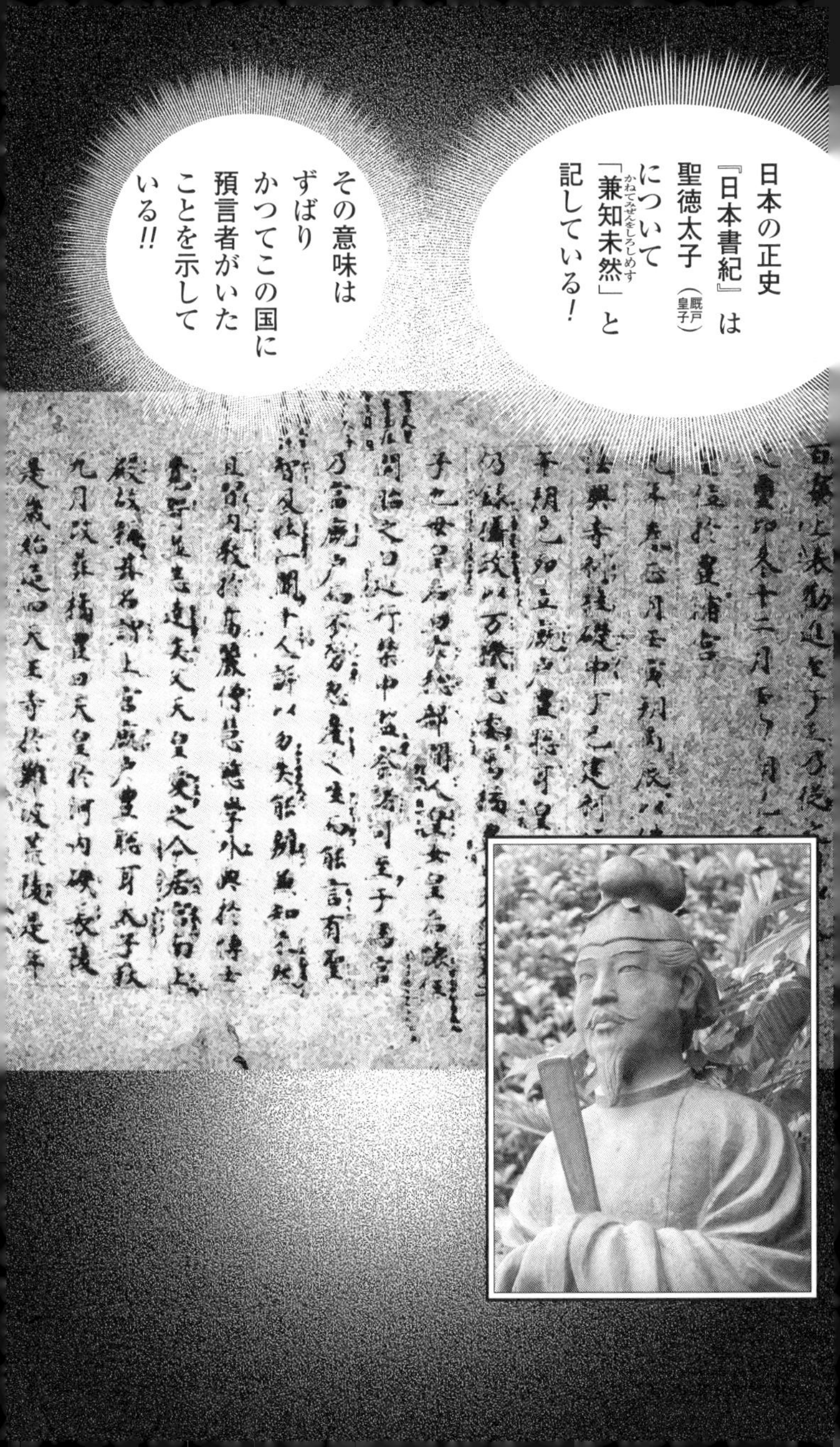
日本の正史『日本書紀』は聖徳太子（厩戸皇子）について「兼知未然《かねてみぜんをしろしめす》」と記している！
その意味はずばりかつてこの国に預言者がいたことを示している!!

日本古来の「言霊《ことだま》」も口を通して出た言葉が具現化することから預言と表裏一体！
「神憑《かみがか》り」も同様で審神者《さにわ》を通した神主や巫女の言葉は預言となってやがて現実となる!!
真素美の鏡
幽内
天津中道
顕外

となれば
千里眼をもつ
仙人の残夢《ざんむ》も
山霊の神異を
感得した
修験者の
役《えんの》小角《おづぬ》も
預言者だった
ことになる!!

自分が死ぬ年を
浮世絵に残した
奇想の絵師
歌川《うたがわ》国芳《くによし》は
「東都三ツ股之図」に
雲まで届く搭の
東京スカイツリーと
長方形で色の黒い
イーストタワーを
描いている!!
その場所は
後にスカイツリーが
建つ場所とほんの
わずかしか
離れていない!!

貨傘の番号「千八百六十一」と同じ1861年に
国芳は世を去るが、当時は西暦を使っていない。

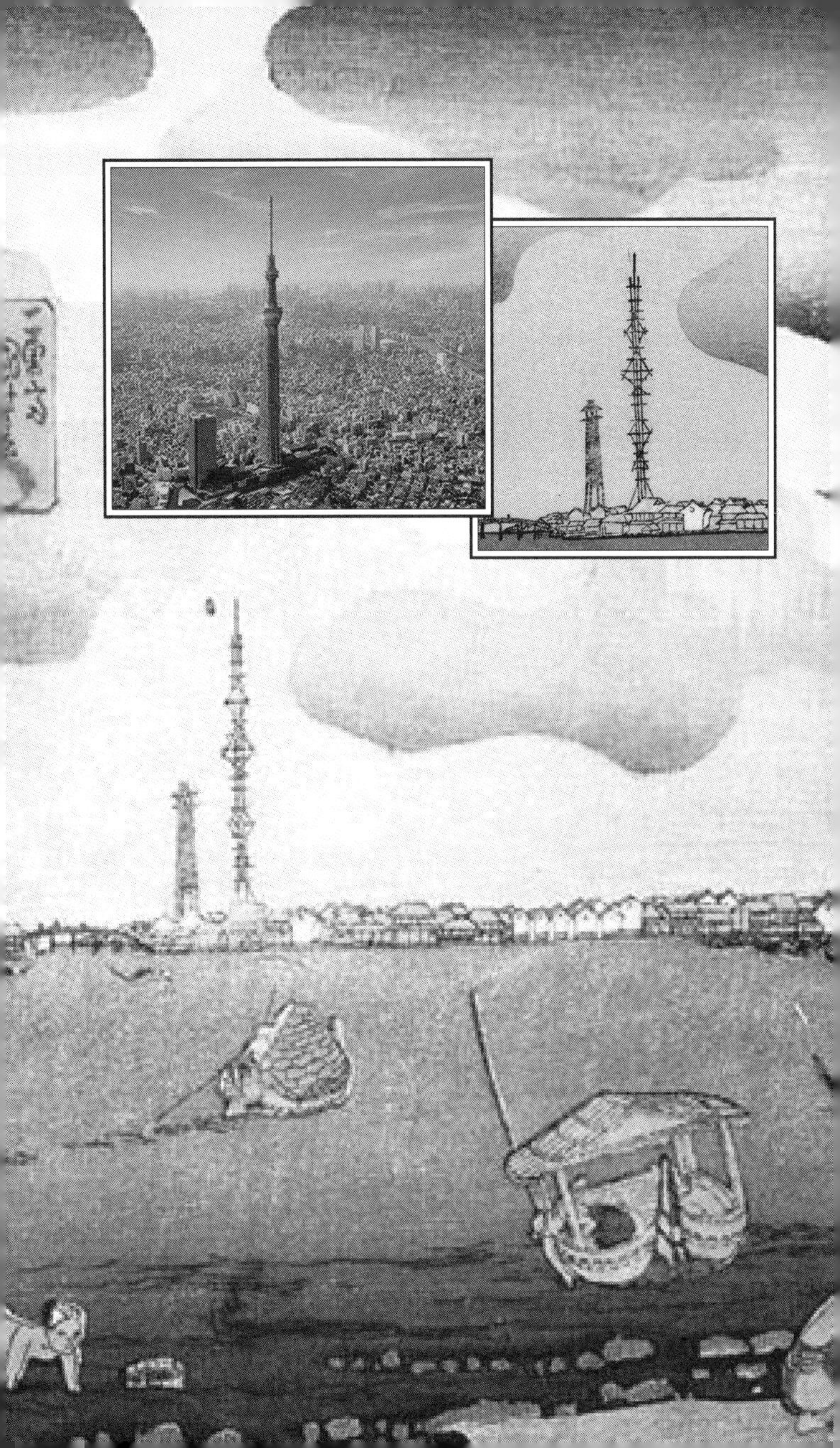

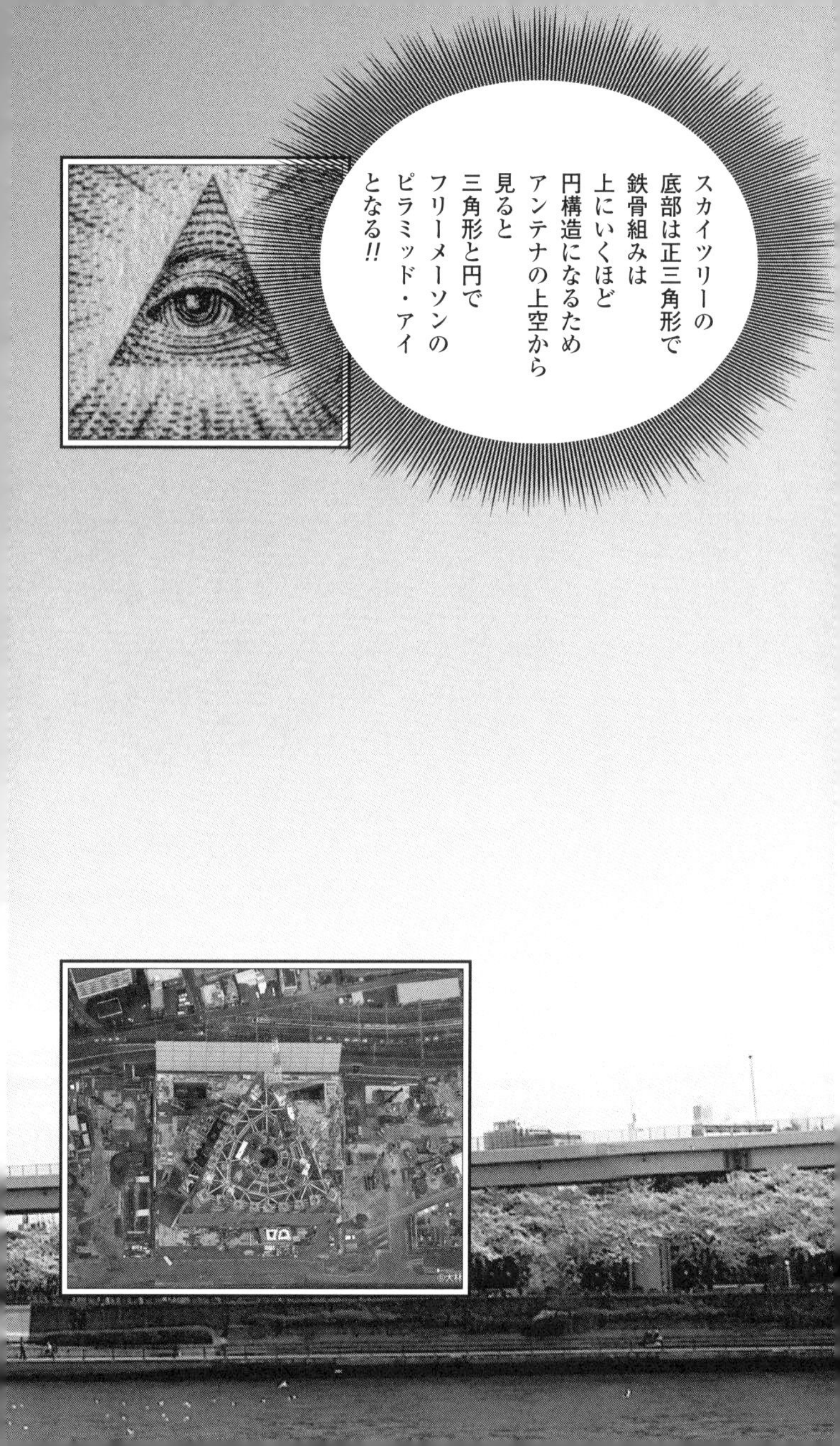
スカイツリーの
底部は正三角形で
鉄骨組みは
上にいくほど
円構造になるため
アンテナの上空から
見ると
三角形と円で
フリーメーソンの
ピラミッド・アイ
となる!!

スカイツリーは東京タワーの2倍の高さの666メートルを目指したが悪魔の数字ゆえ634《ムサシ》メートルに変更されたとされる！
ところが数秘術（ゲマトリア）では「6＋3＋4＝13」となる！欧米で忌み嫌われる数字「13」を「1＋3＝4」と換算すると日本で最も縁起の悪い数字「4」となる!!

それは
スカイツリーが
反時計回りの
左巻きの蛇が
回廊として
巻きつく
「死の樹」だからだ!!
事実
言問《こととい》橋の脇にある
東京大空襲（10万人以上が死亡）
慰霊碑に
手を合わすと
慰霊碑の背後の
スカイツリーを
死の墓標として
拝する仕掛けに
なっている!!

いつか来る
東京直下型
大地震と
富士山大噴火で
東京が焦土と化しても
スカイツリーだけは
東京の墓標として
残りつづける
ことになる!!

スカイツリーと
イーストタワーの
底辺配置は
正三角形と
長方形である!!

それは
時を刻む
天の鼓《つづみ》
オリオン座の
長方形と
ベテルギウスを
介して構成される
冬の大三角形を
合わせた
3の奇数（陽数）と
4の偶数（陰数）の
陰陽合体を
示している!!

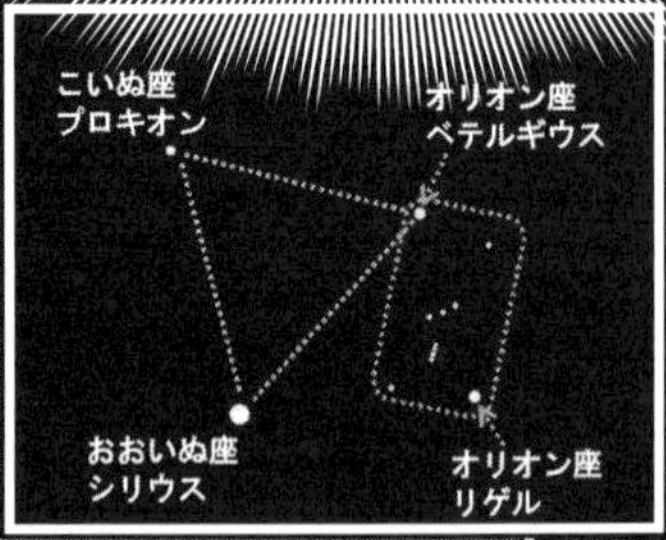

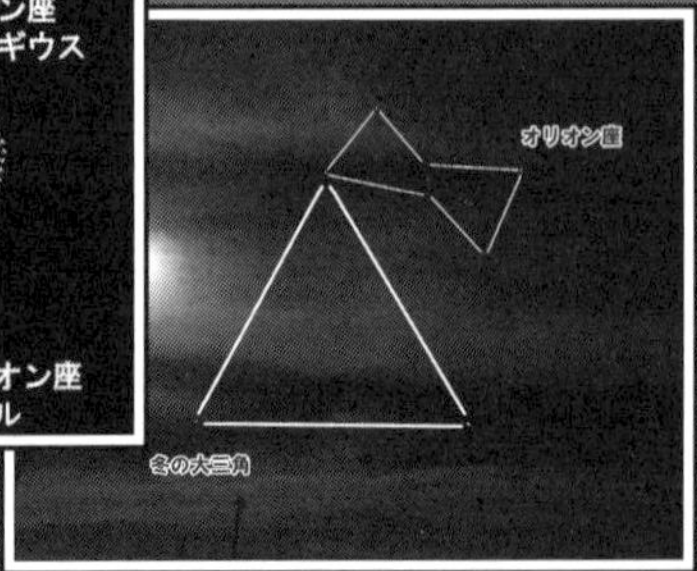

そのスカイツリーの
鎮守が
スサノオ命を祀る
牛嶋神社で
三角と四角の
間の広場
東京ソラマチに
輿《こし》を運び入れる
5年に一度の
神幸祭《しんこうさい》を行う!!

宇宙広場の意味をもつ東京ソラマチは天空にある四角形の箱と三角形の蓋が開いた位置になる！
そこへ牛にひかせて輿を運び入れる神事を行うのはある預言を具現化する呪詛である!!

牛は牽牛《けんぎゅう》のスサノオ命が高天原に昇り織姫である天照大神と天安河《あまのやすかわ》で対峙する神話の再現であり
それを白人系のヤフェトメーソンは牡牛座とオリオン座の対峙としセムメーソンはオリオン座を女神に変えて武装した天照大神とした!!
AURIGA
GEMINI
TAURUS
ERIDANUS

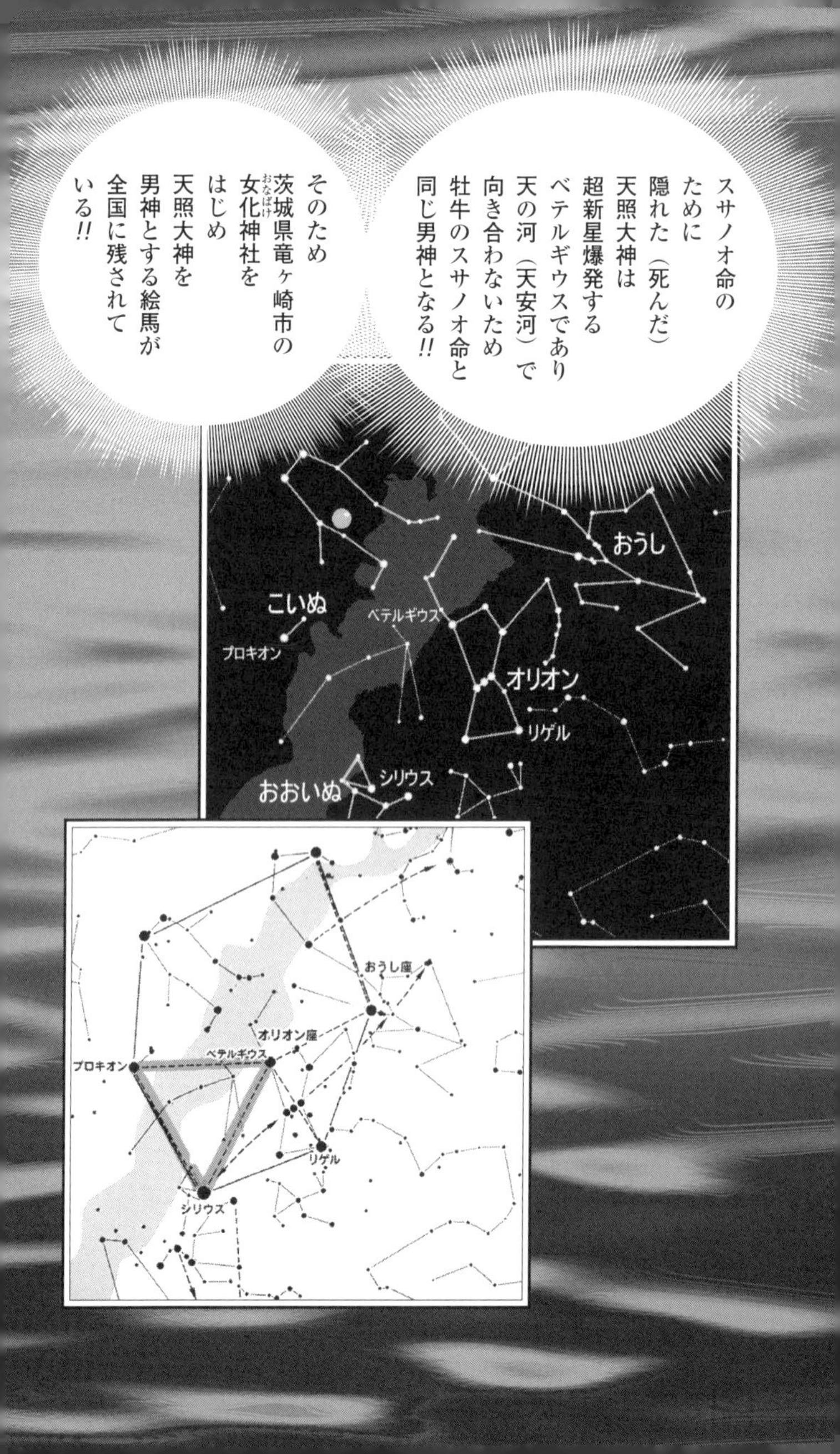
スサノオ命の
ために
隠れた（死んだ）
天照大神は
超新星爆発する
ベテルギウスであり
天の河（天安河）で
向き合わないため
牡牛のスサノオ命と
同じ男神となる!!
そのため
茨城県竜ヶ崎市の
女化《おなばけ》神社を
はじめ
天照大神を
男神とする絵馬が
全国に残されて
いる!!
おうし
こいぬ
ベテルギウス
プロキオン
オリオン
リゲル
シリウス
おおいぬ
おうし座
オリオン座
ベテルギウス
プロキオン
リゲル
シリウス

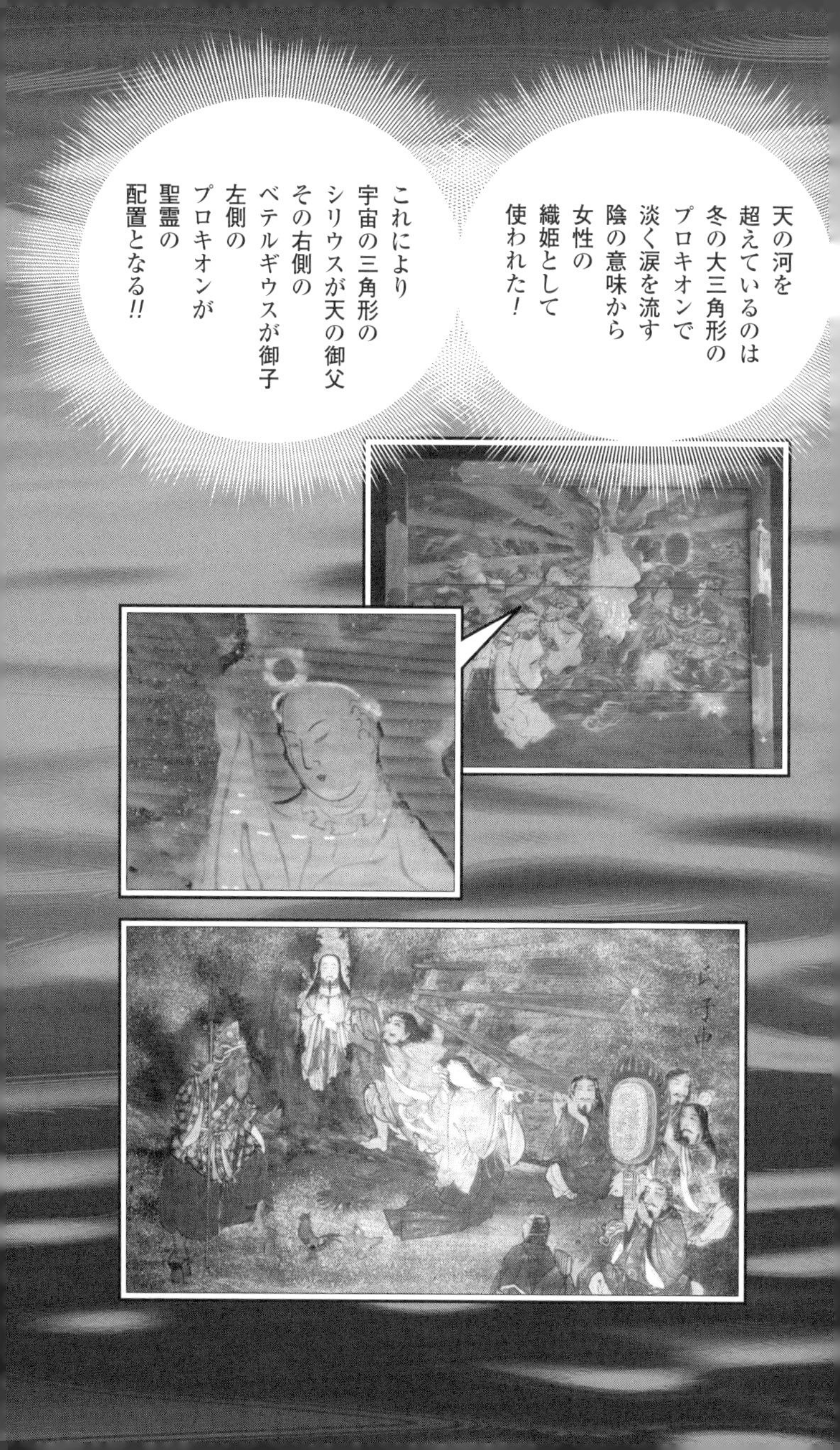
天の河を超えているのは冬の大三角形のプロキオンで淡く涙を流す陰の意味から女性の織姫として使われた！
これにより宇宙の三角形のシリウスが天の御父その右側のベテルギウスが御子左側のプロキオンが聖霊の配置となる!!

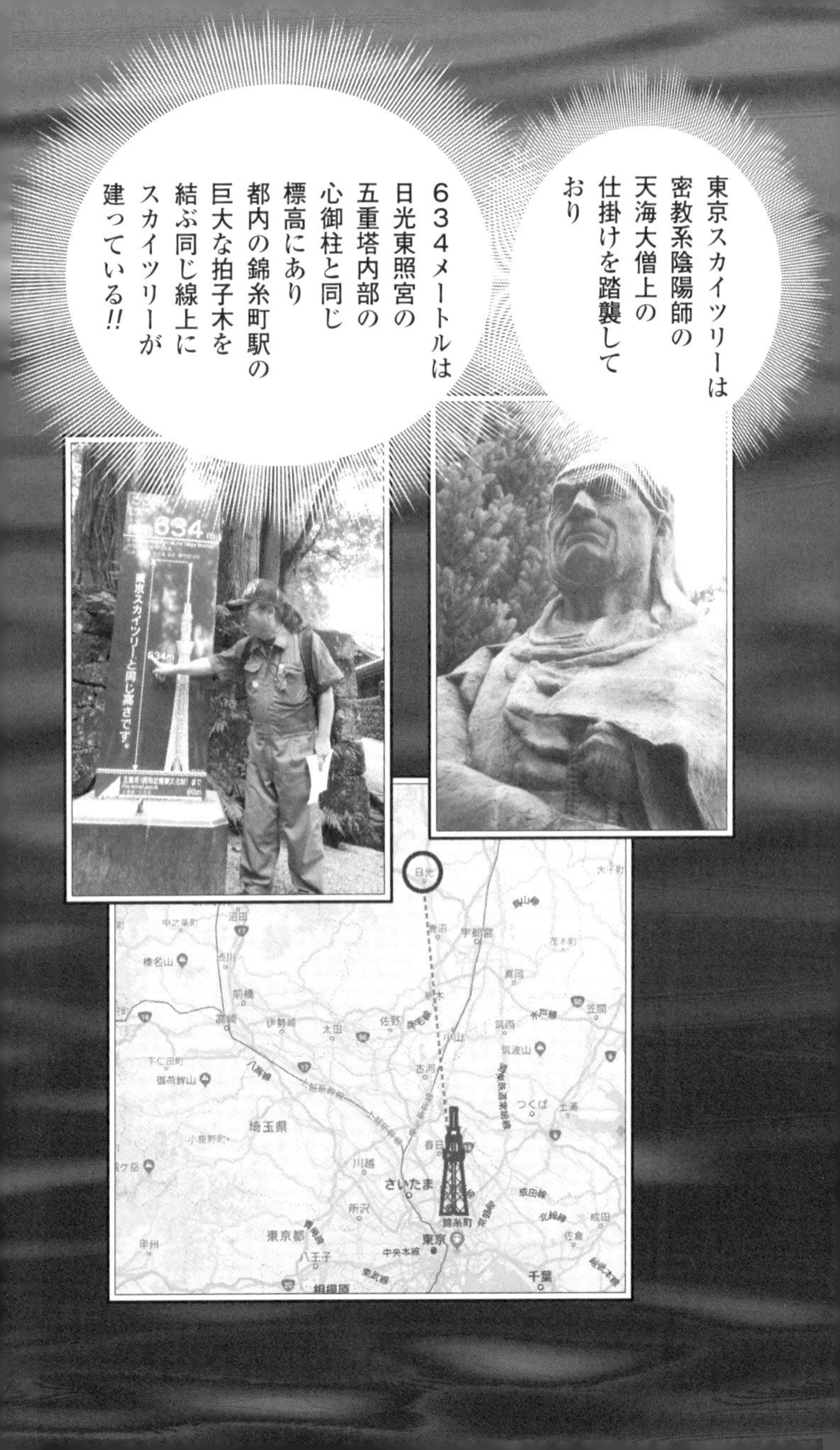
東京スカイツリーは密教系陰陽師の天海大僧上の仕掛けを踏襲しており
634メートルは日光東照宮の五重塔内部の心御柱と同じ標高にあり都内の錦糸町駅の巨大な拍子木を結ぶ同じ線上にスカイツリーが建っている!!
634m
東京スカイツリーと同じ高さです。
日光
宇都宮
榛名山
前橋
高崎
伊勢崎
太田
佐野
小山
真岡
筑波山
つくば
古河
埼玉県
川越
さいたま
所沢
東京都
八王子
錦糸町
東京
成田
佐倉
千葉

拍子木は陰陽２本の柱の間を主連縄《しめなわ》で結ぶ原始鳥居を原型とし
神事の祭や相撲や歌舞伎の木目として使われるが木の目は榊に掛かる鏡に映る天照大神の片目でプロヴィデンスの目と対応する!!
NOVUS ORDO
SECLORUM

さらに
スカイツリーの
4階と5階は
互いに逆三角形で
ダビデの星
六芒星を
形成する!!

六芒星の
変形のひとつは
砂時計の形で
それを大三角形と
小三角にしたのが
三鱗《みつうろこ》であり
北条家の家紋
となった!!

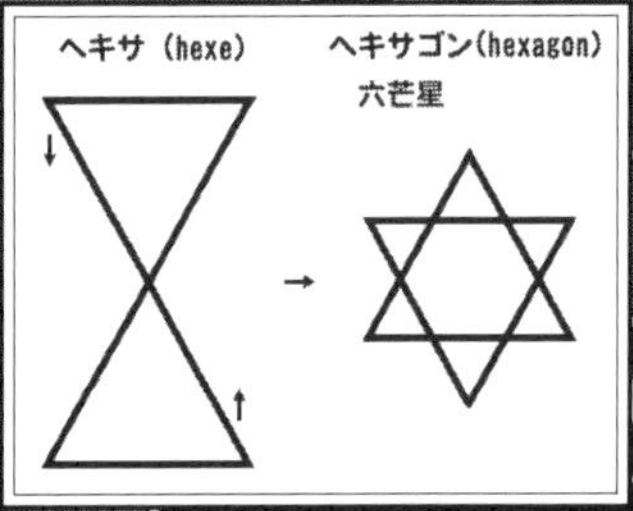

これは時を
司るオリオンの
三つ星と
小三つ星を指し
前者を三位三体の
絶対三神で
後者をノアの
3人の息子（ヤフェト・セム・ハム）とし
北条氏は
歴代の執権の名に
時を通字《つうじ》とした!!

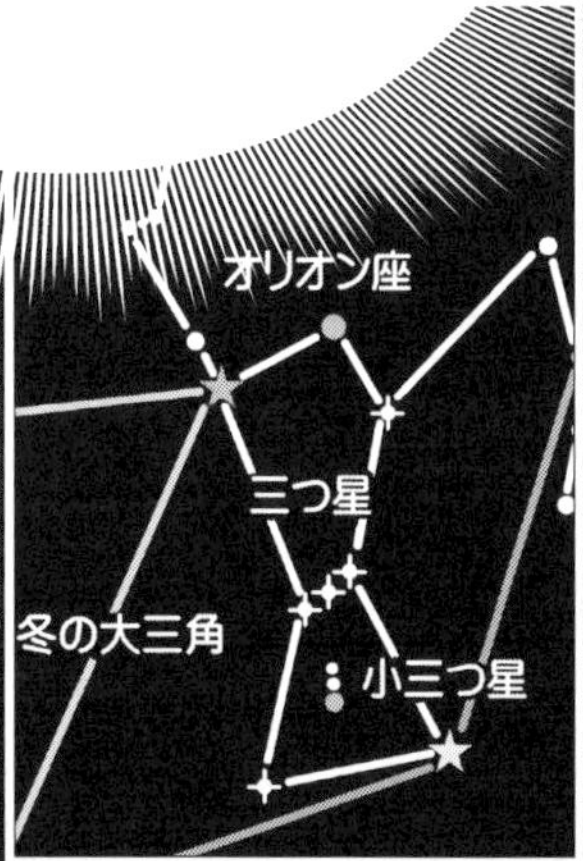

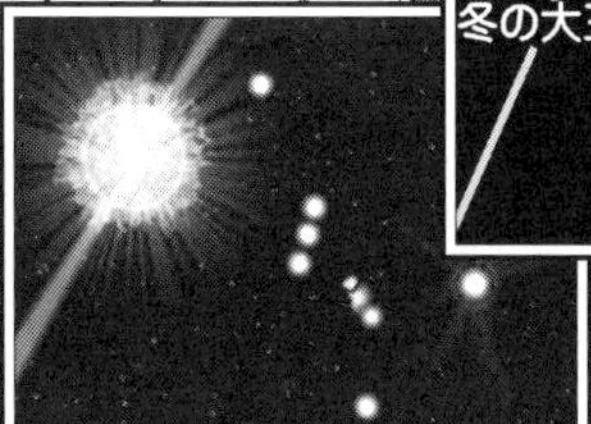

【鎌倉北条氏歴代執権】
①北条時政、②北条義時、③北条泰時、④北条経時、
⑤北条時頼、⑥北条長時、⑦北条政村、⑧北条時宗、
⑨北条貞時、⑩北条師時、⑪北条宗宣、⑫北条煕時、
⑬北条基時、⑭北条高時、⑮北条貞顕、⑯北条守時
（このうち、得宗家当主はすべて「時」を通字とする!!）

642光年も離れているベテルギウスは平家星以外に金脇《きんわき》と呼ばれた！
それは赤金《あかかね》に見えるという意味だが金属を脇腹に刺すロンギヌスの槍とするとイエス・キリストが絶命（消滅）する紅星《あかぼし》の意味になる!!

以上ですが
スカイツリーの
三角から円に
至る構造は
牛嶋神社近くの
三囲《みめぐり》神社に
あるかと!!
伊勢出身の
豪商三井家が
江戸に運び入れた
茶会の三本柱の
ことか……!!

然《しか》り!!
三角と円は日本古来のもので赤垣鱗《あかがきうろこ》紋や三柱鳥居と磐座《いわくら》の構造でさまざまに示しています!
双ヶ岳
愛宕山
四明岳
松尾山
稲荷山
30°
30°

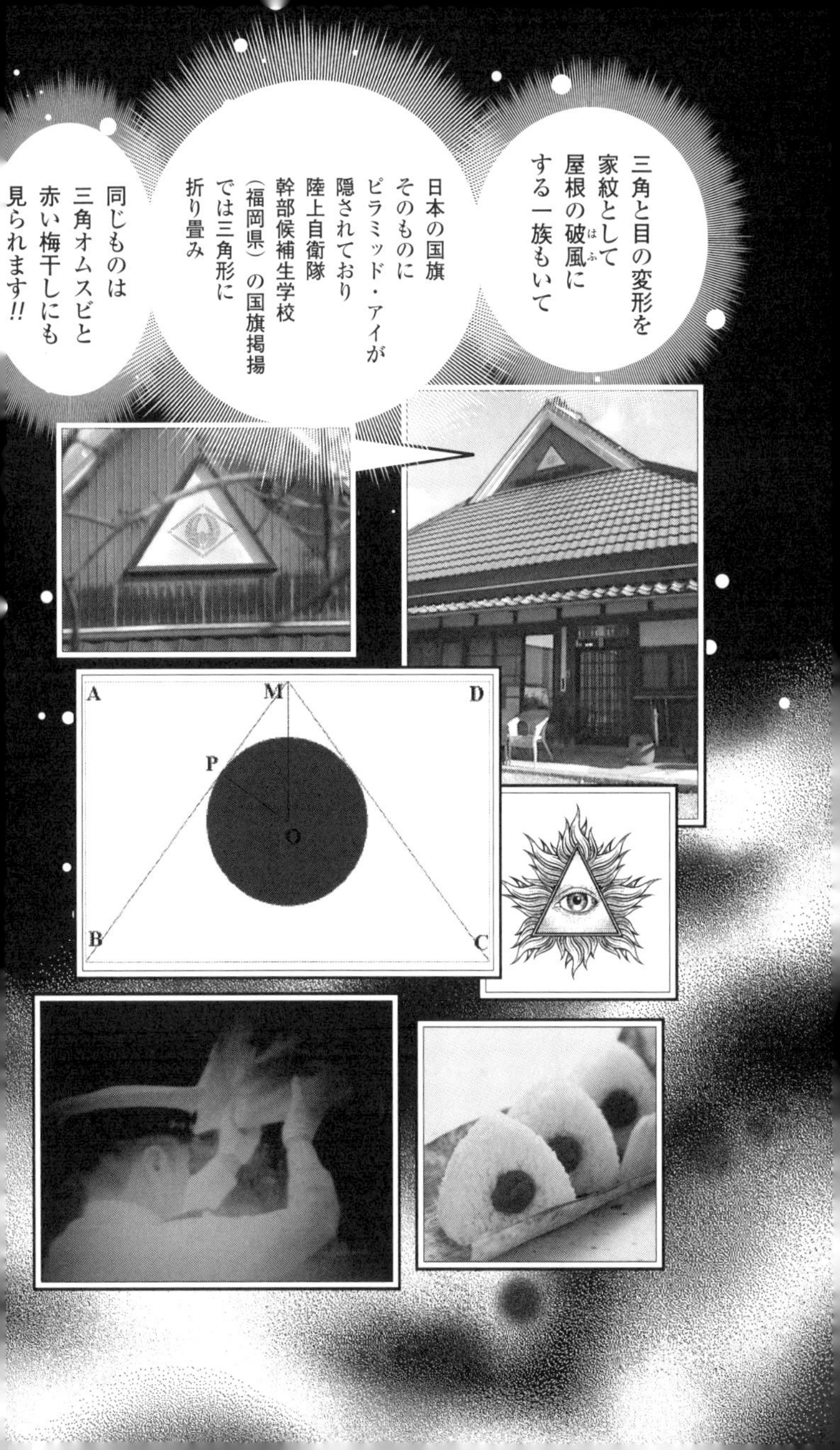
三角と目の変形を
家紋として
屋根の破風《はふ》に
する一族もいて
日本の国旗
そのものに
ピラミッド・アイが
隠されており
陸上自衛隊
幹部候補生学校
（福岡県）の国旗掲揚
では三角形に
折り畳み
同じものは
三角オムスビと
赤い梅干しにも
見られます!!
A
M
D
P
O
B
C

東京ソラマチに立つ三本巨石のオブジェも三柱鳥居と同じ正三角形配置で冬の大三角形の三柱構造を示しています!!

天照大神であるイエス・キリストが唱えた三位三体の原始キリスト教を守護する国は今や「ヤマト（ヘブライ語でヤハウェの民）」の日本のみとなりました!!

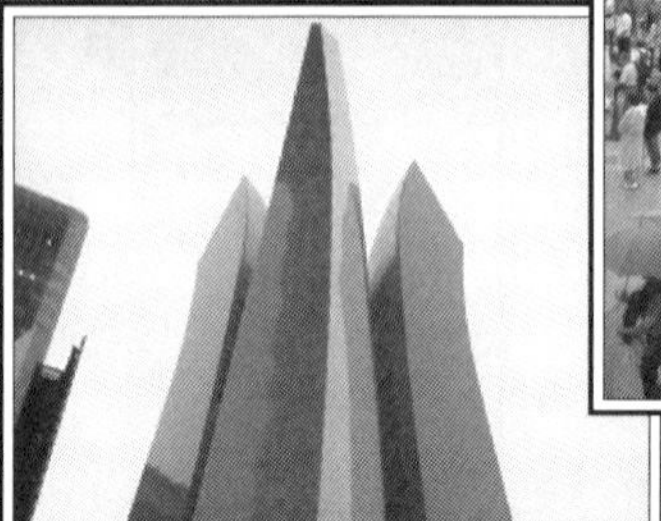

現在
日本中に
ピラミッド・アイが
建設中で
三柱鳥居の数が
増えているのも
最後の
天皇陛下が
京都に戻ることの
しるしかと
思われます!!

青森港に建つ観光物産館アスパム

九州の博多駅前のピラミッド・アイ

（拡大画像）

青山通り沿いの国連大学本部ビル

（別角度画像）

池袋駅前のピラミッド・アイ

アスカよ……！これまでのお前の言葉に怒りをおぼえておる者がここに若干一羽おるが
会ってみるか
!?
せ…先生！またあいつじゃないの？
クイクイ
……!?
彼の名はサイ九郎！私の弟子である！
会いたい鳥がいるのなら……
よしなにお取り計らいください！
ASUKA

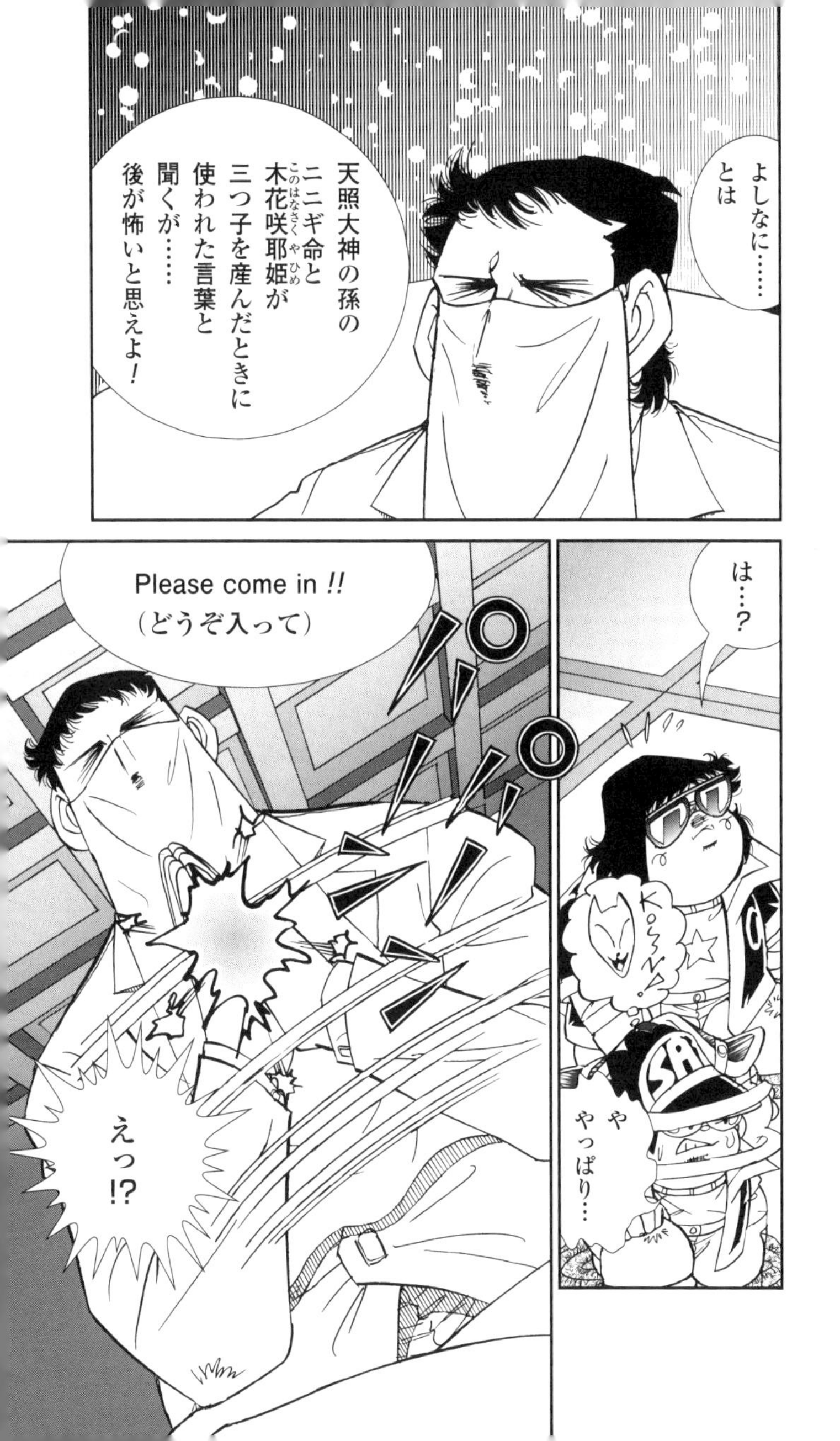
よしなに……とは
天照大神の孫のニニギ命と木花咲耶姫《このはなさくやひめ》が三つ子を産んだときに使われた言葉と聞くが……後が怖いと思えよ！

は…？

や やっぱり…

Please come in !!

（どうぞ入って）

えっ!?

大鳥様の御配慮に
感謝いたします!!
外国人…
それも
女性!?
ゲゲゲの
ゲ～～～ッ!!
アスカよ
今回ばかりは
観念せい!

もう少しでこの会見に
飛び込むところでした!!!

観念の前に
今のこの状況を
どう理解して
いいのか……
サッパリ
わかりません
!!

さもあろうがこの者の不満を受け取めるところから始めるしかあるまいの！
You!!
は…はい
私は今までYouほど自分勝手な男を見たことがない!!
三角形と円は日本古来のものだ…ですってェ〰〰〰ッ!!
ヒェ〜〜〜ッ
せ…
先生〜〜〜っ!!

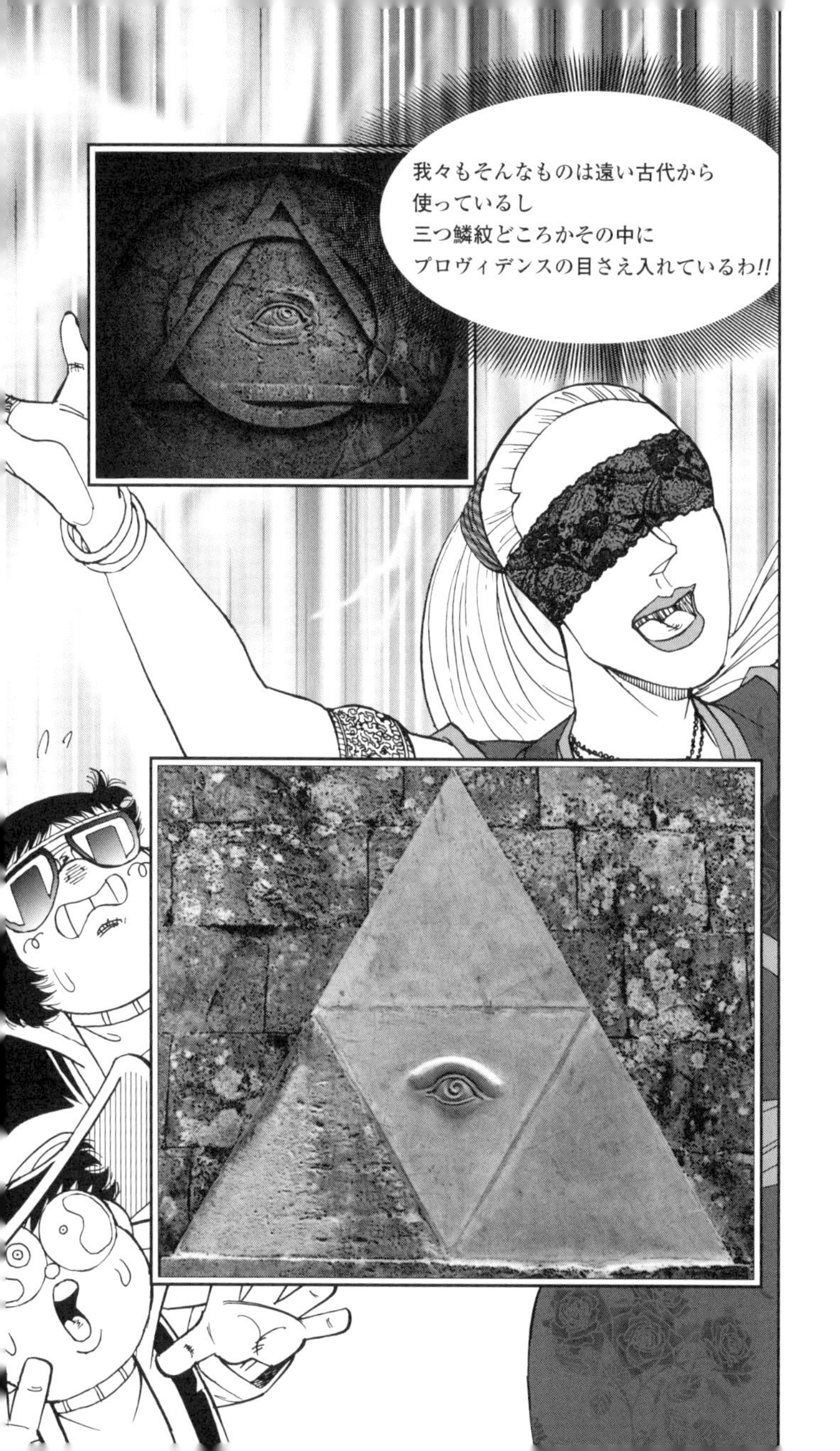
我々もそんなものは遠い古代から
使っているし
三つ鱗紋どころかその中に
プロヴィデンスの目さえ入れているわ!!

ひょっとしてフランスのフリーメーソンの方ですか?
本当にステレオタイプよネ!! イギリスのフリーメーソンは女性を入会させないからフランスって!?
……ではミスター・カトウの組織?

わかったわ!
やはりYouには直接見せるしかないようね!!
これは…コォ～ンやカッポンよりも怖い～～～ぃ!!
このストーン・ヘッド（石頭）!!

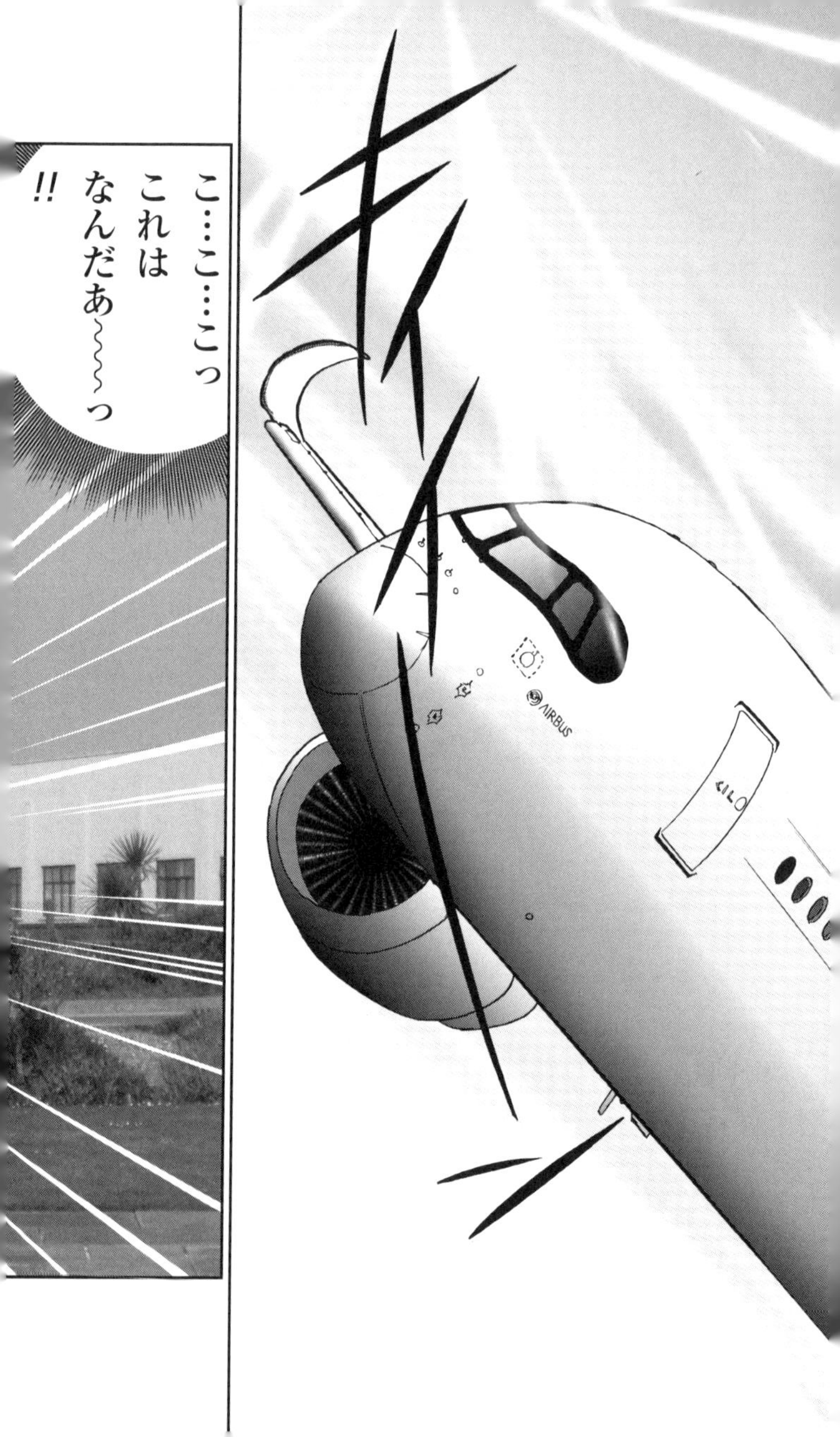
こ…こ…こっ これは なんだあ〜〜〜っ!!

あれは我々のシンボル三脚巴紋《さんきゃくともえもん》
「トリスケリオン」のオブジェよ!!
ホエ〰〰ッ
ようこそマン島へ!!
記念に古代のコインをプレゼントしましょう!!
あっ はじめまして …どうも!
我々には表向き名はないことになっていますのでとりあえずはマスターと呼んでくだされればよろしい!!

せ…先生
八《や》咫《た》烏《がらす》と同じだよ〜〜っ
……うむ!!
OH〜〜〜烏ですネ!! そうですよマン島の紋章は三本足と烏です!!!
もう一羽は古代エジプトの神ホルスと同じ隼でホルスの目であるプロヴィデンスの目を暗示しています!!
QUOCUNQUE JECERIS STABIT

こ
これは……
大変なことだぞ!!
どうしたの
先生?
マン島は
グレートブリテン島と
アイルランドの間にあり
島の上空から見たら
まるで……
三角形の中心!!
Sea
Newcastle
Middlesbrough
Scarborough
York
Kingston-upon Hull
Sheffield
Nottingham
Leicester
Norwich
Northampton
Ipswich
Cambridge
Oxford
Colchester
London
Canterbury
Dover
Brighton
Portsmouth
Straight of Dover

ピラミッド・アイの位置にマン島がある!!
Islands
Islands
Stornoway
Inverness
Perth
Glasgow
Ayr
Dumfries
Londonderry
Northern Ireland
Belfast
Lisburn
Irish Sea
Preston
Holyhead
Ireland
Wales
St. George's Channel
Cardiff
Exeter
Plymouth
Truro

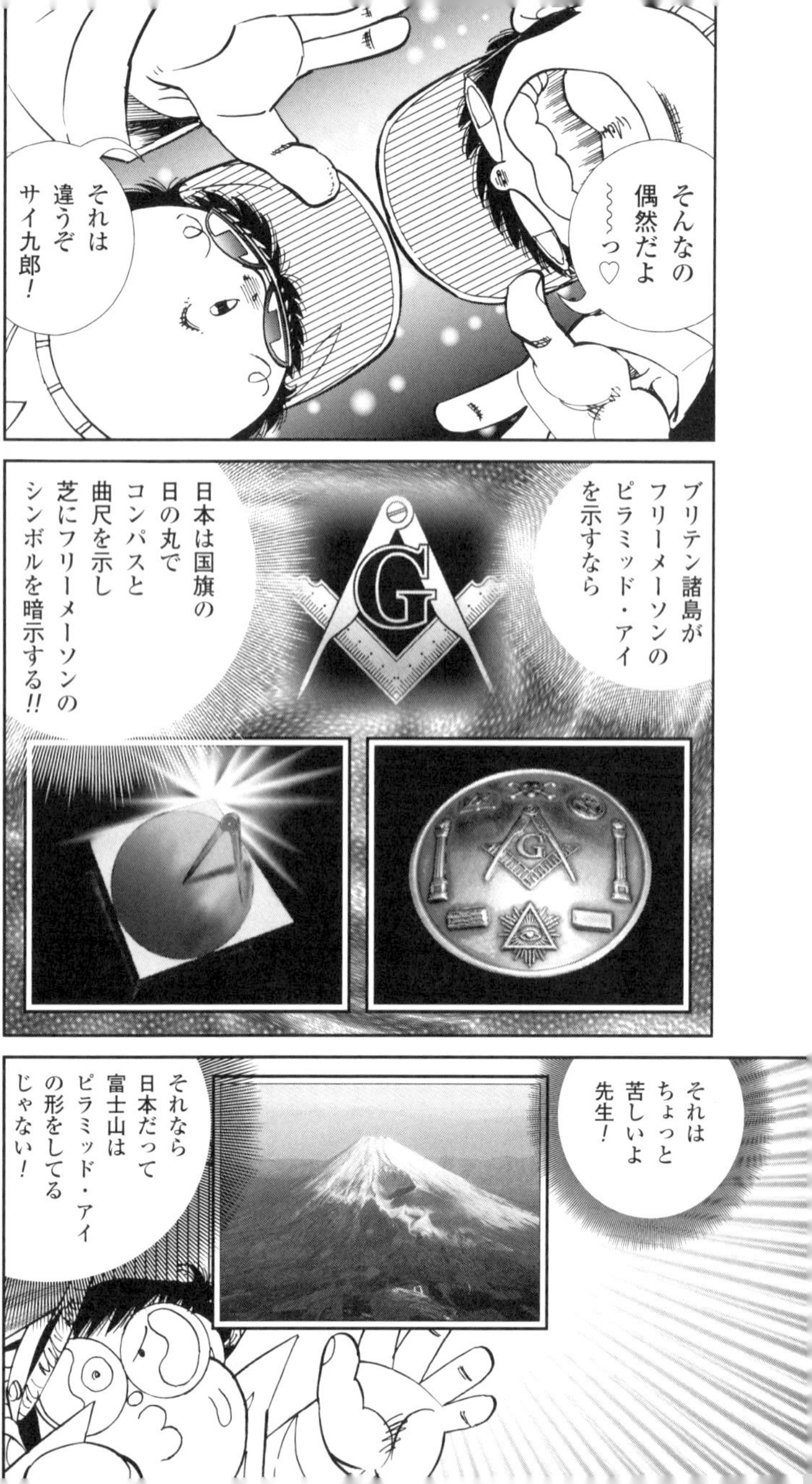
そんなの偶然だよ〜〜〜っ♡
それは違うぞサイ九郎!
ブリテン諸島がフリーメーソンのピラミッド・アイを示すなら
日本は国旗の日の丸でコンパスと曲尺を示し芝にフリーメーソンのシンボルを暗示する!!
それはちょっと苦しいよ先生!
それなら日本だって富士山はピラミッド・アイの形をしてるじゃない!

じゃあこういい直そう！日本は富士山でピラミッド・アイを示し
イギリス及びアイルランドは島々によってピラミッド・アイを示す
日本は国旗でコンパスと曲尺を示しイギリスもユニオンジャックでコンパスと曲尺を示していると！
4
3
さらにイギリスはピラミッド・アイの「3」の奇数（陽）で日本は四島（北海道・本州・四国・九州）で「4」の偶数（陰）を示し陽のイギリスは世界中に植民地を拡大させ陰の日本は鎖国で引き籠もった!!

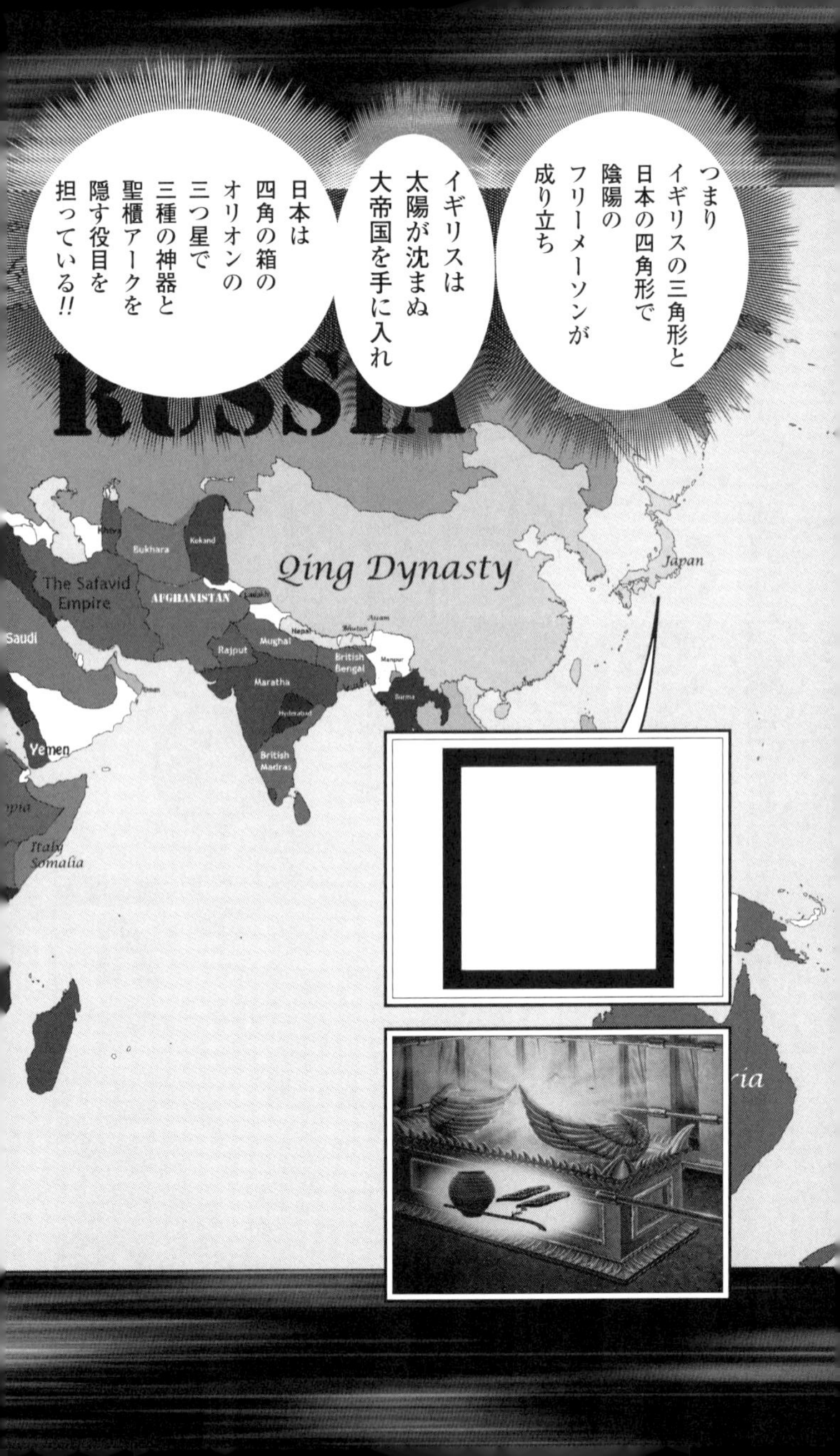
つまり
イギリスの三角形と
日本の四角形で
陰陽の
フリーメーソンが
成り立ち
イギリスは
太陽が沈まぬ
大帝国を手に入れ
日本は
四角の箱の
オリオンの
三つ星で
三種の神器と
聖櫃アークを
隠す役目を
担っている!!
RUSSIA
Qing Dynasty
Japan
Khiva
Bukhara
Kokand
The Safavid Empire
AFGHANISTAN
Saudi
Nepal
Assam
Rajput
Mughal
British Bengal
Manipur
Maratha
Burma
Hyderabad
Yemen
British Madras
Italy Somalia

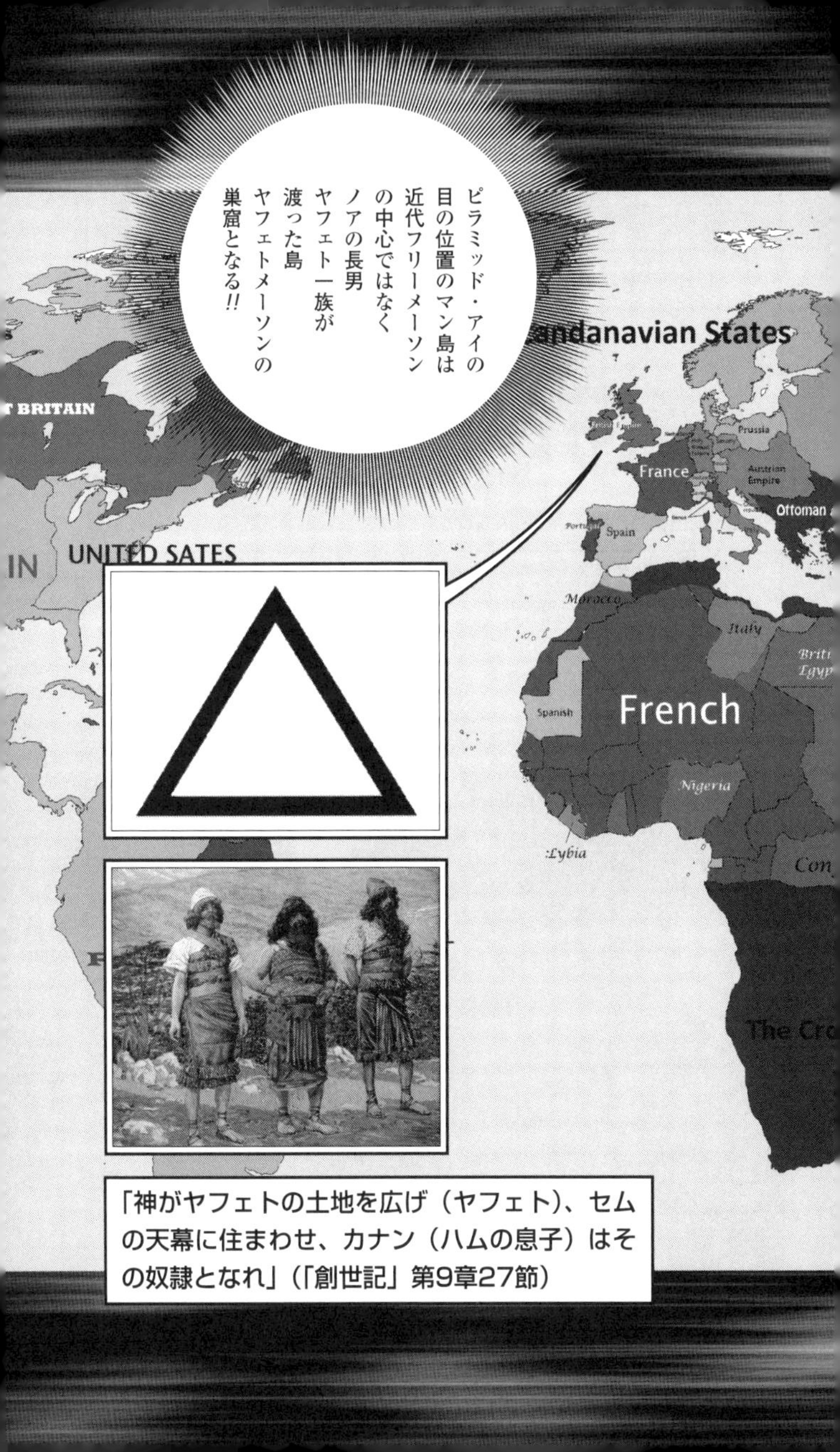
ピラミッド・アイの
目の位置のマン島は
近代フリーメーソン
の中心ではなく
ノアの長男
ヤフェト一族が
渡った島
ヤフェトメーソンの
巣窟となる!!
andanavian States
BRITAIN
UNITED SATES
France
Prussia
Austrian Empire
Ottoman
Spain
Morocco
Italy
French
Spanish
Nigeria
Lybia
「神がヤフェトの土地を広げ（ヤフェト）、セム
の天幕に住まわせ、カナン（ハムの息子）はそ
の奴隷となれ」（「創世記」第9章27節）

三脚巴紋も日本の三巴紋と同じだし
見せながら隠すやり方も八咫烏とまったく同じだ!!

グッド!!

やはりあなたをマン島へ呼んだことは間違いではなかった!!

そのあなたを見込んで南米エクアドルのラ・マナで発見された「ピラミッド・アイ・タブレット」について意見をお聞きしたい!!

写真＝クラウス・ドナ

ピラミッド・アイ・タブレットの底部にある三つ星はオリオンであることは明白で
イエス・キリストの再降臨の時を刻むのがオリオンの使命であることを示している!!
タブレットの三つ星の左上にあるのが超新星爆発寸前のベテルギウスでガンマー線バーストによる消滅が救世主の再降臨につながる預言となっています!!

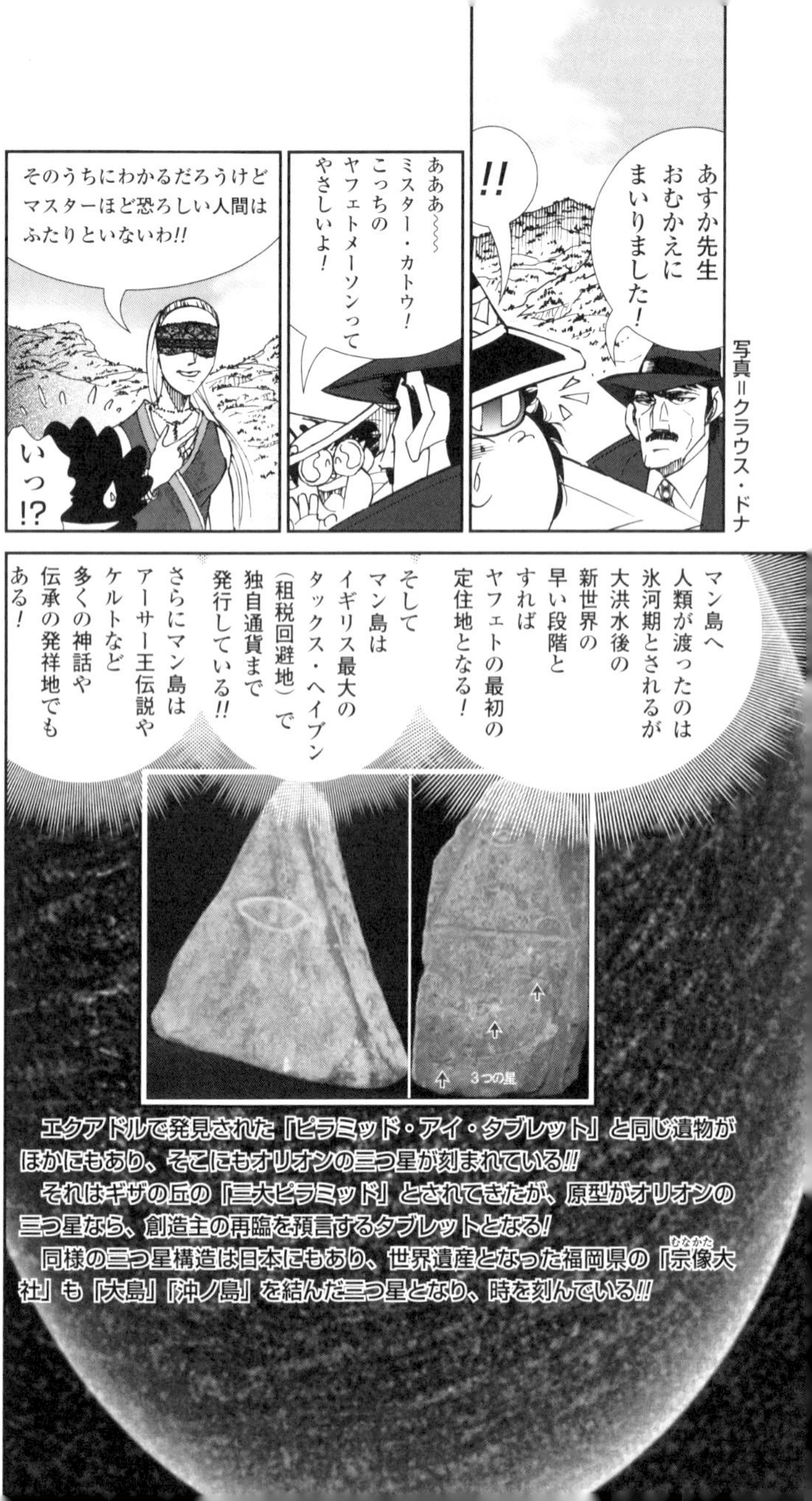
あすか先生
おむかえに
まいりました！
!!
あああ〜〜〜
ミスター・カトウ！
こっちの
ヤフェトメーソンって
やさしいよ！
そのうちにわかるだろうけど
マスターほど恐ろしい人間は
ふたりといないわ!!
いっ!?
写真＝クラウス・ドナ
マン島へ
人類が渡ったのは
氷河期とされるが
大洪水後の
新世界の
早い段階と
すれば
ヤフェトの最初の
定住地となる！
そして
マン島は
イギリス最大の
タックス・ヘイブン
（租税回避地）で
独自通貨まで
発行している!!
さらにマン島は
アーサー王伝説や
ケルトなど
多くの神話や
伝承の発祥地でも
ある！
3つの星
エクアドルで発見された「ピラミッド・アイ・タブレット」と同じ遺物がほかにもあり、そこにもオリオンの三つ星が刻まれている!!
それはギザの丘の「三大ピラミッド」とされてきたが、原型がオリオンの三つ星なら、創造主の再臨を預言するタブレットとなる！
同様の三つ星構造は日本にもあり、世界遺産となった福岡県の「宗像《むなかた》大社」も「大島」「沖ノ島」を結んだ三つ星となり、時を刻んでいる!!

第1章

秘密結社フリーメーソンの神話と
ヒラム・アビフ伝説

自由の女神とフリーメーソン

世界を照らす者。その正体は、いったい何か。アメリカ合衆国を代表するメトロポリス、ニューヨークには巨大な像がある。ニューヨーク湾に浮かぶリバティ島に立つ「自由の女神」像である。正式名称は「世界を照らす自由」といい、まさに自由の国を標榜するアメリカ合衆国のシンボルである。

一般に、自由の女神像は、アメリカ合衆国独立１００周年を記念して、フランス政府からアメリカ政府に寄贈されたといわれる。

なぜ、フランスかといえば、理由は革命だ。１７７５年、アメリカはイギリスから独立を目指して戦争を開始。翌１７７６年７月４日に独立宣言を行った。一連の戦いは革命である。しかるに、別名をアメリカ独立革命とも称す。当時、ヨーロッパでは王政からの脱却を目指す革命運動が盛んだった。なかでも中心地ともいうべき国がフランスだった。

フランス革命が起こったのは、ご存じのように１７８９年である。アメリカが独立してから13年後のことだ。当時、同志であったフランス人はアメリカ独立革命の成功を祝福するとともに、自らの国でも革命を実現することに成功した。

革命にあたって、彼らが「人権宣言」とともに掲げたスローガンが「自由と平等と博愛（友愛)」である。フランスの国旗にある三色トリコロール「青と白と赤」は、このスローガンを象徴している。同様に「自由と平等と博愛（友愛）」を擬人化したのが女神「マリアンヌ」で、これが世にいう「自由の女神」なのだ。

まさに自由の女神は革命のシンボルだといっていい。独立革命100周年を祝って、革命のシンボルが巨大な像としてフランス政府からアメリカ政府に贈られた。これに応えて、アメリカ政府も、フランス革命100周年を記念して、高さ11・5メートルと小柄ながらも自由の女神像をフランス政府に寄贈している。この小さな自由の女神像は現在、パリのセーヌ河のほと

⬆フランスからアメリカに贈られた自由の女神像（上）とアメリカからフランスに贈られた自由の女神像（下）。

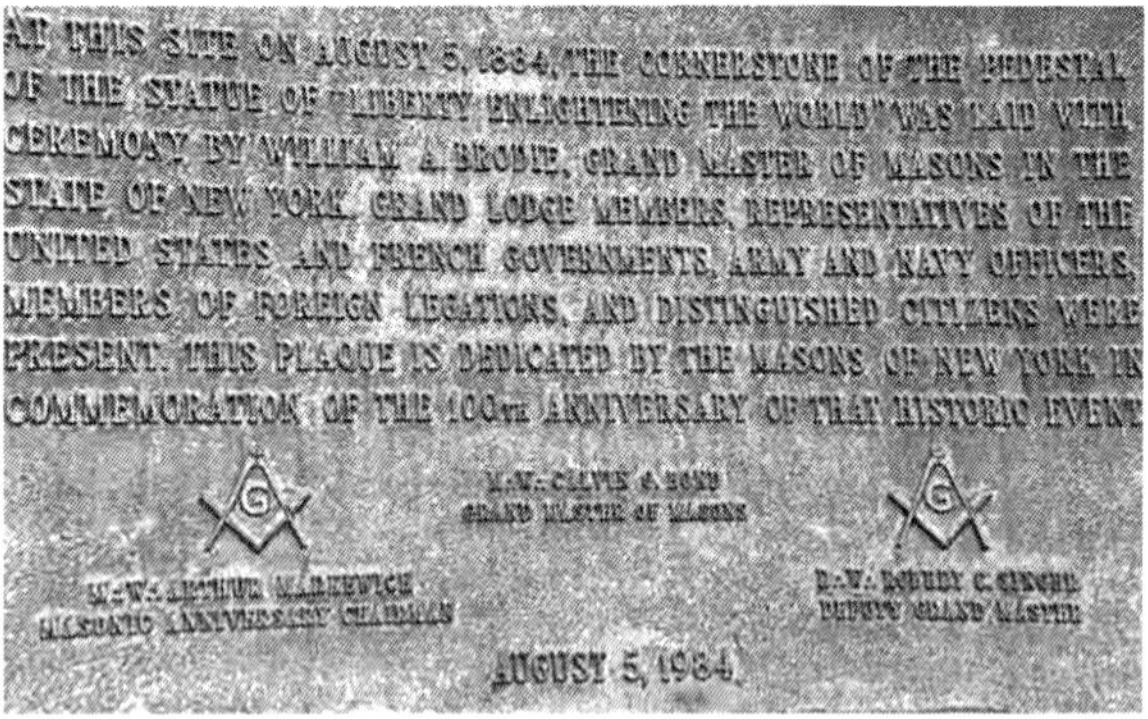
AT THIS SITE ON AUGUST 5, 1884, THE CORNERSTONE OF THE PEDESTAL
OF THE STATUE OF "LIBERTY ENLIGHTENING THE WORLD" WAS LAID WITH
CEREMONY BY WILLIAM A. BRODIE, GRAND MASTER OF MASONS IN THE
STATE OF NEW YORK. GRAND LODGE MEMBERS, REPRESENTATIVES OF THE
UNITED STATES AND FRENCH GOVERNMENTS, ARMY AND NAVY OFFICERS,
MEMBERS OF FOREIGN LEGATIONS, AND DISTINGUISHED CITIZENS WERE
PRESENT. THIS PLAQUE IS DEDICATED BY THE MASONS OF NEW YORK IN
COMMEMORATION OF THE 100TH ANNIVERSARY OF THAT HISTORIC EVENT
GRAND MASTER OF MASONS
DEPUTY GRAND MASTER
AUGUST 5, 1984

⬆アメリカの自由の女神像の台座に設置された銘盤。フリーメーソンのシンボルが刻まれている。

りに立っている。アメリカとフランス両国の友好の証として。

以上が、自由の女神像に関する一般的な説明であるが、このなかで間違っている部分がある。お気づきだろうか。贈り主と受け取り主が「政府」だという点だ。意外かもしれないが、アメリカ合衆国政府やフランス政府ではない。その証拠に、自由の女神像の台座に設置された銘盤には、このように書かれてある。

「1884年8月5日、この地において『世界を照らす自由像』の台座礎石は、ニューヨーク州メーソンのグランドマスター、ウイリアム・A・ブロディによる儀式を行って設置された。儀式には、グランドロッジのメンバーのほか、合衆国とフランス政府代表、陸軍と海軍の将校、諸外国の使節団、そして著名な市民たちが参加した。この銘盤は、かの歴史的な事件の10

0周年を記念してニューヨークのメーソンによって捧げられた」

ここにある「メーソン」とは「フリーメーソン」のこと。世界最大にして最古の秘密結社フリーメーソンが自由の女神像の銘盤を設置した。儀式という英語は式典と翻訳されることもあるが、この場合、秘密結社の密儀の意味が込められていると考えていいだろう。銘盤ひとつに、アメリカとフランスの要人が参列したというから、これはただごとではない。いったい、どういうことか。銘盤が語っている真意はほかでもない、アメリカ独立革命100周年を記念して自由の女神像を贈ったのはフランスのフリーメーソンであり、贈られたのはアメリカのフリーメーソンなのだ。つまり、自由の女神像はフリーメーソンからフリーメーソンへ、まさにフリーメーソン同士の贈り物だったのである。

しかし、テレビ番組でニューヨークの自由の女神が紹介されるとき、フリーメーソンに触れることはない。かつて日本テレビの人気番組『アメリカ横断ウルトラクイズ』では、第1問目に必ず自由の女神に関する問題が出されたが、そこでもフリーメーソンが解答や解説にからむことはなかった。ほとんどのマスコミは、あえて触れようとしない。

だが、これは厳然たる事実である。アメリカ合衆国を建国したのがフリーメーソンならば、フランス革命を指導したのもフリーメーソンである。ヨーロッパの革命運動の背景にはフリーメーソンの存在があった。これは日本の明治維新も例外ではない。教科書に書かれている歴史だけが歴史ではない。歴史には、常に表と裏がある。フリーメーソンの歴史は近現代史の裏面史であるといっても過言ではない。

もちろん、フリーメーソンに関する歴史的な研究は数多くある。歴史学者はもちろんのこと、フリーメーソン自身の研究論文も少なくない。日本ではグランドマスターを務めたことがある片桐三郎氏の『入門　フリーメイスン全史』（アムアソシエイツ刊）の評価が高い。

しかし、フリーメーソンは、一筋縄ではいかない。実証的な歴史だけを分析しても、玉ねぎの皮をむくように、やがて本質が見えなくなる。稀代の陰陽師《おんみょうじ》として知られる安倍晴明《あべのせいめい》を歴史的な文献資料だけで研究したところで、陰陽道における呪術の本質を理解することはできないように。フリーメーソンの本質を知るには、隠された叡智、すなわち本来の意味でのオカルトという視点が不可欠なのである。

秘密結社フリーメーソン

フリーメーソンは世界最大にして最古の秘密結社である。秘密結社と表現されるが、シークレットソサエティというよりは、フラタニティに近い。慈善団体として知られる「ロータリークラブ」や「ライオンズクラブ」「ボーイスカウト」のような組織だ。もっとも、これら三者は、ともにフリーメーソンと密接な関係にある。

団体名は「フリーメーソンリー」、メンバーのことを「フリーメーソン」と呼ぶ。もっとも日本では、ともにフリーメーソンと称すことが多い。ちなみに、日本語では「フリーメイソン」や「フリーメースン」とも表記する。日本のグランドロッジでは「フリーメイスン」を採用しており、ネット等で検索するときは注意が必要である。

よく誤解されるが、フリーメーソンは宗教団体ではない。何か特定の宗教を広める組織ではない。日本のフリーメーソンは本家のイギリスからアメリカ、そしてフィリピンを経由して承認された経緯があり、メンバーは有神論者であることを条件とする。反社会的でなければ、いかなる宗教であるかは問わない。ユダヤ教やキリスト教、イスラム教はもとより、ヒンドゥー教や仏教、道教、そして神道であってもかまわない。

一方、同じイギリスを本家としながらも、フランスで承認された「グラントリアン：大東社」系フリーメーソンは有神論者であるかも問わない。無神論者であっても加入できる。一般にフリーメーソンは女性の加入のほか、宗教的かつ政治的活動を禁じているが、グラントリアン系では、その限りではない。ために、両者は互いに承認を取り消したこともある。

フリーメーソンの思想は理神論に近い。『聖書』における創造主を絶対神として崇拝することは否定はしないが、人格をもった実存というより、観念的な存在として神を位置づける。神とは宇宙の真理だと語ることもある。

今日でいえば、「インテリジェントデザイン理論：ＩＤ理論」における「サムシング・グレート」だろうか。この宇宙は何者かによってデザインされているが、あえて神とは表現しないことで、科学的な議論を可能にしている。これは啓蒙主義を通じて、自然科学の確立に尽力した人間の多くがフリーメーソンだったことも大いに関係しているといっても過言ではないだろう。

世界征服を目論むフリーメーソン

ヨーロッパにおけるフリーメーソンはローマ教皇、すなわちヴァチカンの権威やヨーロッパ王家の権力に対抗する勢力の拠点でもあった。いわゆる旧体制、アンシャンレジームに対抗する組織としての側面があった。

そのため、フリーメーソンはローマ教皇からは何度も破門されている。カトリックからすれば、フリーメーソンは反キリスト者の巣窟であり、悪魔の教会である。

とくに『新約聖書』の「ヨハネの黙示録」によれば、この世の終わりには、世界支配を目論む独裁者が現れる。独裁者は反キリストであり、悪魔の数字６６６をもった獣で、全人類を滅亡へと導く。このとき反キリストに宗教的な権威をもたらすのが偽預言者であり、サタンの教

⬆フリーメーソンとカトリックは長い間対立していた。（上）ヴァチカン市国にあるカトリックの総本山であるサン・ピエトロ大聖堂。（下）ローマ教皇レオ13世とフリーメーソンの対立を描いた漫画。

会である。まさに、これがフリーメーソンにほかならないというわけだ。

こうした状況を悪化させた人物がいる。レオ・タクシルである。彼は、元カトリック教徒であったが、フリーメーソンに入会。しばらくして脱退し、フリーメーソンの内情を暴露する本を企画する。1892年に出版された『19世紀の悪魔』では、フリーメーソンは悪魔崇拝者であると断定。上層部にはルシファー派、もしくはパラディオン派と呼ばれる組織があり、人身御供をともなう恐ろしい秘密儀式を行っていると主張した。実際のところ、すべては作り話である。後に本人が名乗りでて、すべてはフィクションであると証言している。

しかし、一度、貼られたレッテルは、なかなか外すことができない。20世紀に入ると、今度は悪名高き『シオン賢者の議定書：プロコトール』が出現する。19世紀末、ロシアで小冊子として頒布された『シオン賢者の議定書』には、24人から成るユダヤ教の長老たちによる恐るべき世界支配計画が記されていた。世界支配を具体的に進めるにあたって、彼らはフリーメーソンを利用するとはっきりと述べている。フリーメーソンは知ってか知らずか、シオン賢者たちの世界支配の手先になって動かされているというのだ。

もっとも『シオン賢者の議定書』は偽書であることがわかっている。『マキャベリとモンテスキューの地獄での対話』をもとにして、反ユダヤ主義であった当時のロシア帝国内務省警察部警備局が捏造《ねつぞう》したという説が有力だ。

しかし、これまたやっかいなことに、偽書ではあるものの、そこに書かれた内容が20世紀の国際社会と見事なまでに一致していた。自由主義による無政府主義、無神論による科学的思考、マスコミによる愚民化計画は、ある意味、今日の現代社会にも通じる。このリアリティが陰謀論を広める原動力になった。同時に、フリーメーソンは世界征服を目論む悪の秘密結社だというイメージが定着してしまったといっても過言ではない。

最近では、世界を支配する権力集団「ディープステート」が話題だ。国際金融資本を中核とする政治家や特権階級が私利私欲のためにアメリカやヨーロッパの国々を動かし、戦争を引き起こしているという。元アメリカ大統領ドナルド・トランプもディープステートを名指しし、彼らの手から国家の主権を取り戻さなければならないと語った。

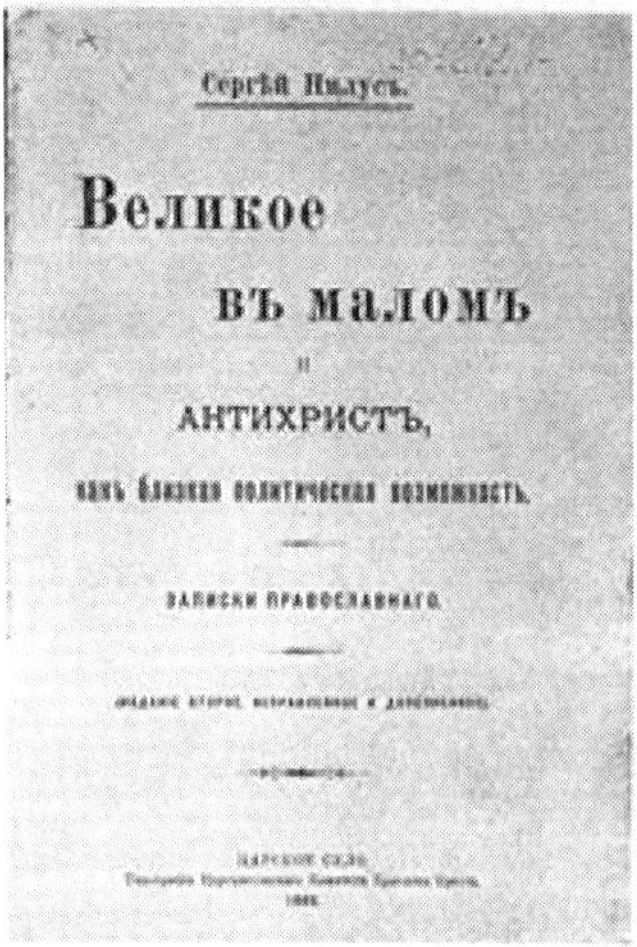
Сергѣй Нилусъ.
Великое
въ маломъ
и
АНТИХРИСТЪ,
какъ близкая политическая возможность.
ЗАПИСКИ ПРАВОСЛАВНАГО.

⬆ロシアで頒布された『シオン賢者の議定書』。ユダヤ人とフリーメーソンの陰謀について述べられている。

ディープステートに関する情報には、直接、フリーメーソンという名前は出てこない。が、陰謀論というくくりにおいて、しばしば同列に扱われる。裏を返せば、それだけ影響力がある組織だといえなくもない。フリーメーソンという組織が世界征服を標榜しているわけではないが、メンバーのなかには声高に叫ぶ者もいる。世界統一政府を樹立させることができるのは唯一、フリーメーソンだけだと。

フリーメーソンの組織

フリーメーソンとは「自由な石工」という意味である。石工とあるが、扱うのは石だけではない。ヨーロッパでは石造建築が多いので、石工と表現されるが、ごく一般的な言葉でいえば「大工」である。家屋や城、橋、船など、およそ建造物すべてを扱ってきた。フリーメーソンは建築集団であり、ありていにいえば建築業界の組合である。建築会社じゃないところがミソである。なぜなら、彼らは会社員ではないからだ。あくまでもフリーエージェント、つまりは自由な身分を保障された職人なのである。

職人にとって、もっとも大切なのは技術である。いかに優秀な建築物を造ることができるのか。すべては自身の技量にかかっている。特殊技能をもっていたからこそ、彼らは特別な扱いを受けた。アンシャンレジームにあっても、職人は特別な身分が与えられた。兵役や税を免除されたり、国外へ自由に行き来することもできた。

国同士が互いに戦争していても、どちらの王様も城を作る必要がある。城を建築できる職人は限られている。彼らは自由の身である。奴隷として使役することもできない。職人は求められる国へ赴き、自らの技量を高く売った。いかなる君主であっても、彼らにお願いしなければ、城を建てることができないのである。

さまざまな国を渡り歩く職人たちは、当然ながら多くの情報を手にする。諸外国の事情に詳しくなり、それらは職人仲間で共有される。彼らは独特な情報ルート、つまりネットワークをもち、諜報機関としての機能も果たすようになる。こうなると、ますます国王や君主たちは職人たちを重宝するようになっていく。

⬆建築の図面を見ているふたりのフリーメーソン。フリーメーソンとは建築集団のことだ。

ただし、国が異なると言語が違う。言葉と文字はもちろん、習慣も異なる。にもかかわらず、道具を片手に単身、乗り込んできた職人でも、その日から現場で働くことができた。その理由は暗号である。職人同士だけが意思疎通できるように、言語以外の象徴図形や身振り手振りなどの仕草が整備、統一されていったのだ。
もちろん、いくら職人といっても、最初は素人である。職人を志した者は先輩指導者から技術を習う必要がある。それには、まず職人の組合に入らなければならない。これが後のフリーメーソンである。

建築に限らず、すべての習い事というのは、最初は入門者、そこから技術や知識を習得して一人前となり、最後には教育的指導を担う師範となる。学校でいう学年のようなものである。学年を英語ではグレードというが、言葉を換えれば階級である。フリーメーソンにおいては基本的に3階級、すなわち、①「徒弟：エンタードアプレンティス」、②「職人：フェロークラフト」、③「親方：マスターメーソン」である。これらを称して「ブルーロッジ」と呼ぶ。

一般に「ロッジ」というと、山小屋のイメージがあるが、フリーメーソンにおいては活動の拠点となる組織や場所を指す。小規模のロッジを統括するのが「グランドロッジ」である。史上初めてグランドロッジが設置されたのは1717年6月24日。聖ヨハネの日にイギリスのロンドンにあった「ガチョウと網焼き」「王冠」「リンゴの樹」「大きな杯とブドウ」という名の4つのロッジが統合され、「ロンドン・グランドロッジ」が誕生。初めて「グランドマスター」が選任された。

以後、原則として、ひとつの国にひとつ、グランドロッジが設置され、管轄下の領内におけ

⬆フリーメーソンの階級を示した図。右に「ヨークライト」、左に「スコティッシュライト」が示されている。

るロッジを統括し、監督することが決められた。ロッジ同士は互いの自主性を重んじ、基本的に対等な関係にある。とくにグランドロッジは、独立した国同士のような関係にあり、それらの上に超グランドロッジのような組織は存在しない。世界のフリーメーソンを一手に支配する組織はない。ゆえに世界征服など不可能だというのが、フリーメーソンの見解である。

ただし、その一方で先のブルーロッジに上位階級「レッドロッジ」を設置するところもある。正確にはフリーメーソンの関連団体である。有名なレッドロッジが「スコティッシュライト：スコットランド儀礼」だ。スコティッシュライトではブルーロッジの上に第4～33階級を設けている。

同様に「ヨークライト：ヨーク儀礼」は第4～13階級を設置している。ブルーロッジの第3階級となったフリーメーソンは自由意志により、こうしたレッドロッジに昇級することができる。もっとも、スコティッシュライトの第33階級とヨークライトの第13階級は同等の資格と見なされている。

これらレッドロッジの各階級には、それぞれ独自の名称がつけられている。親方や騎士、王子、大司教、管理者、指揮官、大審問長官、最高大総監といった肩書のほか、薔薇十字団やテンプル騎士団、マルタ騎士団、ソロモンのロイヤルアーチ、エノクのロイヤルアーチ、ノアの末裔などといった秘教組織や聖人などの固有名詞が含まれる。

しかるべき儀式を経て昇級する際、秘儀参入者には、それぞれの各階級につけられた名称の意味が明かされる。昇級した者だけが知ることができる秘密の教義である。なかでも重要なのが歴史である。ここに、謎に包まれたフリーメーソンの起源を知るうえで重要な手がかりが隠されているのだ。

テンプル騎士団とフリーメーソン

レッドロッジのひとつ、スコティッシュライトの第29階級は「聖アンドリューのスコットランド大騎士」と呼ばれる。「聖」と冠しているが、カトリックの聖人ではない。本名は「アンドリュー・マイケル・ラムジー」。職業は著述家で、貴族である。「ラムジー騎士」とも呼ばれるが、一代限りの爵位「スコットランド准爵士」であった。

1727年、彼はロンドンの角笛ロッジで参入儀式を受けると、フリーメーソンの歴史について独自に研究。1737年、パリのロッジで新規参入者を対象とする講話を行った。実際に行われたかは定かではないが、講話内容が冊子として残っている。内容は概略、こうだ。

曰く、かつて十字軍兵士として、キリスト教世界の各地から貴族や騎士たちが聖地エルサレムへ召集された。異教徒たちから奪還したソロモン神殿で失われた古代の聖典を発見した。聖典はソロモン王が神聖文字で記したもので、そこには秘密の教義や儀式次第が記されていた。これをもとに十字軍兵士たちは友愛結社を創設し、故郷へと帰還した後、各地にロッジを設立した。

しかし、長い年月がたつにつれ、各地のロッジでは伝統が絶えてしまった。唯一、スコットランドでのみ、密儀が継承されてきた。これがフリーメーソンにほかならない、と。

組織の具体的な固有名詞はひと言も出てこないが、ここにある十字軍兵士たちが創設した友愛結社とは、当時のだれが見ても「テンプル騎士団：聖堂騎士団」のことだとわかる。エルサレムへの巡礼者を警護するために結成されたテンプル騎士団こそ、フリーメーソンのルーツだと、ラムジーは断言しているのである。

歴史的な事実として、テンプル騎士団が結成されたのは1118年。フランスの貴族、ユーグ・ド・パイヤンのもとに9人の騎士が集まって創設された。正式名は「キリストとソロモン神殿の清貧騎士団」。当時、すでに活動していた聖ヨハネ騎士団にならって聖地巡礼者保護を目的とする修道会として発足。1128年には、当時のローマ教皇ホノリウス2世の認可をとりつけた。

ヴァチカンのお墨付きを得たテンプル騎士団の活躍は目を見張るものがあった。ヨーロッパ各地に支部を設置し、組織は大きくなった。なかでも画期的な金融業を発案したことで、莫大な資金を得る。一方、テンプル騎士団はエルサレムにあるソロモン神殿の地下で密かに発掘を続けており、そこで何か貴重な財宝を手に入れたという噂もあった。

こうした状況を苦々しく思っていたフランス王フィリップ4世は奸計《かんけい》をめぐらせ、テンプル騎士団がもつ巨万の富を強奪しようとたくらむ。1307年10月の忌まわしい13日の金曜日、テンプル騎士団は悪魔崇拝者であるという根も葉もない噂を流し、一方的に異端の烙印を押すと、関係者をすべて逮捕するという暴挙に出た。逮捕されたテンプル騎士団は苛烈な拷問を受け、しまいには火あぶりの刑に処せられた。

地下にもぐった残党たちはフランスを脱出し、ヨーロッパ各地へと散った。なかでも財宝と秘密の叡智を携えた騎士たちは海を渡ってスコットランドへと逃れた。彼らはテンプル騎士団という名前を隠し、新たな秘密結社を創設したという。

あくまでも噂ではあるが、今もテンプル騎士団が地下で命脈を保っているとすれば、まさしくスコットランドを発祥とするフリーメーソンではないか。ラムジーがいうテンプル騎士団起源説には一定の裏付けがあったといっていい。

興味深いことに、フリーメーソンは石工職人である。中世において、石工団体は組合ギルドのような組織をもっていた。ロッジではない。多くの石工団体はギルドのままで、友愛団体にまで発展することなく、多くは衰退していく。

⬆（上）フリーメーソンのルーツがテンプル騎士団にあると論じたアンドリュー・マイケル・ラムジー。（下）テンプル騎士団。

ただ、唯一、例外だったのがイギリス諸島の石工団体である。12世紀において、すでに多くの建築に携わっていた記録があり、14世紀にはフリーメーソンと称していたことが歴史的に判明している。ある意味、これが直接、フリーメーソンという名前が確認できる最古の例であるといっていい。興味深いことに、まさにテンプル騎士団の残党がスコットランドに逃れてきた時期と一致するのだ。

失われた聖典

仮に、テンプル騎士団の残党がフリーメーソンを創設したとして、だ。注目すべきは財宝と叡智である。もっといえば、テンプル騎士団がソロモン神殿で発掘した古代の遺物だ。失われた契約の聖櫃《せいひつ》アークやイエス・キリストの聖杯ではないかという説もあるが、可能性が高いのは古文書である。ラムジーはソロモン王が記した古代の聖典だと指摘している。古代の叡智を記した聖典は魔術書『ソロモンの鍵』よろしく、しばしば栄耀栄華を極めたソロモン王の名前に仮託されることが少なくない。

はたしてソロモンの手によるものかは別にして、長い歴史のなかで失われてしまった聖典だった可能性は十分ある。ご存じのように、『聖書』には『旧約聖書』と『新約聖書』がある。これらはユダヤ教やキリスト教が正典と認めた書物で構成されている。宗派などによって正典

⬆「最後の晩餐」に描かれた聖杯。テンプル騎士団がソロモン神殿で発掘した古代の遺物がこの聖杯ではないかという説がある。

の解釈が異なり、かつ正典と認められなかった書物もある。いわゆる「外典」や「偽典」である。20世紀になって発見された『死海文書』のなかにも、『旧約聖書』の写本以外の文書があり、これらも偽典に含まれる。

だが、そもそも正典のなかで書名が言及されているにもかかわらず、いつの間にか失われてしまった聖典が存在する。たとえば「ヤシャル書」である。「ヤシャル書」は「ヨシュア記」に出てくる。

「日は、とどまり。月は、動きをやめた。民が、敵を打ち破るまで。『ヤシャル書』にこう記されているように、日はまる一日、中天にとどまり、急いで傾こうとしなかった」（「ヨシュア記」第10章13節）

現在、この「ヤシャル書」は現存していない。ヘブライ語の写本も残っていない。こうした失われた聖典は、ほかにもたくさんある。具体的に「契約の書」（「出エジプト記」第24章7節）、「主の戦いの書」（「民数記」第21章14節）、「ソロモンの事績の書」（「列王記・上」第11章41節）、「先見者サムエルの言葉」「預言者ナタンの言葉」「先見者ガドの言葉」（ともに「歴代誌・上」第29章29節）、「預言者ナタンの言葉」「シロの人アヒヤの預言」「ネバトの子ヨロブアムに関する先見者イエドの見た幻」（ともに「歴代誌・下」第9章29節）、「預言者シャマヤと先見者イドの言葉」（「歴代誌・下」第12章15節）、「ハナニの子イエフの言葉」「イスラエルの列王の書」（ともに「歴代誌・下」第20章34節）、「ホザイの言葉」（「歴代誌・下」第33章19節）。

現在は失われてしまったが、かつては実在していた。今後、発掘いかんによっては、こうした失われた聖典が発見されるときがくるかもしれない。いや、すでに発見されているのかもしれない。表に出ていないだけで、一部の人間が密かに継承してきた可能性もないとはいえない。

それがテンプル騎士団だったとしたら、どうだろう。失われた聖典は、その後、フリーメーソンへと継承された。それまで普通の石工団体だった組織を隠れ蓑に、テンプル騎士団は新たな友愛結社を創設するにあたって、叡智と密儀の中核として失われた聖典を組織の秘宝として位置づけた。後に、フリーメーソンが当時の宗教的権威ヴァチカンから破門されながらも、堂々と渡り合った背景には、カトリックにはない独自の聖典の存在があったからではないだろうか。

証拠がある。フリーメーソンは正典には記されていない独自の伝承をもっているのだ。それこそ、カトリックやギリシア正教はもちろん、ユダヤ教やイスラム教にもない独自の聖書伝承があるのだ。

『アンダーソン憲章』と天地創造

フリーメーソンの勢力が拡大し、ヨーロッパ各地にロッジができるようになると、加入を希望する人間が石工職人ではないケースも増えてきた。カトリックの神学によって規定された世界観に縛られない価値観は、啓蒙主義の時代にあって知識人にとっては非常に魅力的であった。時には王侯貴族もフリーメーソンに入るケースも増えてきた。

こうして次第に、フリーメーソンにはふたつの派閥ができる。旧来のような石工職人は「実践的フリーメーソン」といい、非職人たちは「思索的フリーメーソン」と呼ばれるようになる。思索的フリーメーソンは石工職人ではないが、同じ仲間として承認されたという意味で「フリー&アクセプテッドメーソン」とも呼ばれた。

思索的フリーメーソンが増えてくると、彼らはフリーメーソンの歴史について独自の研究を行うようになる。先のアンドリュー・マイケル・ラムジーのように、フリーメーソンの起源について、組織内で語られてきた伝承を記録し、分析する者も多くなる。同時に、フリーメーソ

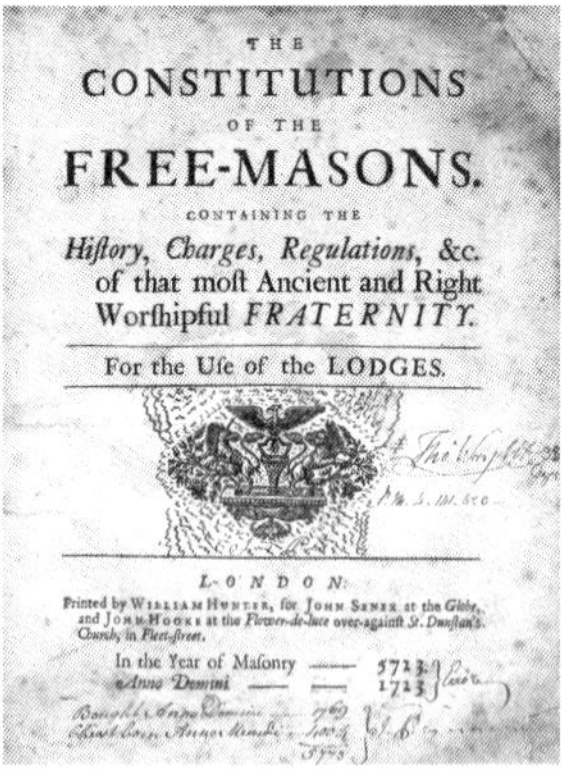
THE
CONSTITUTIONS
OF THE
FREE-MASONS.
CONTAINING THE
Hiſtory, Charges, Regulations, &c.
of that moſt Ancient and Right
Worſhipful FRATERNITY.
For the Uſe of the LODGES.
LONDON:
Printed by WILLIAM HUNTER, for JOHN SENEX at the Globe, and JOHN HOOKE at the Flower-de-luce over-againſt St. Dunſtan's Church, in Fleet-ſtreet.
In the Year of Maſonry —— 5723
Anno Domini —— 1723

⬆（右）神学者のジェームズ・アンダーソン。（左）アンダーソンが書いた『アンダーソン憲章』。下部に「5723」「1723」の数字がある。

ンの規範なども整理する必要が出てきた。

かくして、ロンドンのグランドロッジが誕生してから6年後、神学者のジェームズ・アンダーソンがフリーメーソンのための憲章を発布する。『最古にして大いに尊敬するべき友愛結社の歴史、訓諭、規約等を含むフリーメーソンの憲章』、通称『アンダーソン憲章』である。

冊子の形態をとっている『アンダーソン憲章』の総扉の下には発行した年号がふたつ記されている。ひとつは「5723」、もうひとつは「1723」。後者は西暦、すなわちAD1723年のこと。前者はフリーメーソン暦で5723年を表している。フリーメーソンでは、しばしば「真の光の暦」という意味でALと表記する。ロッジの礎石にも、創設年号はふたつ、ADとALを刻むことが多い。

ADとALは、ちょうど4000年の差がある。

これは紀元前4000年に天地が創造されたことを意味している。『旧約聖書』と『新約聖書』に出てくる年代を計算すると、天地創造が行われたのは、イエス・キリストが誕生する約4000年前になる。アイルランド司教ジェームズ・アッシャーによれば、紀元前4004年が天地創造の年に当たるという。ただし、フリーメーソンの場合、あえて紀元前4000年をフリーメーソン暦1年に規定しているのだ。

暦の規定は非常に重要である。すべての基本である。天地創造元年を紀元前4000年とし、これをフリーメーソン暦元年に定めたということは、だ。紀元前4000年にフリーメーソンは誕生したと宣言しているに等しい。いい換えれば、この世の初めからフリーメーソンは存在したと主張しているのである。

フリーメーソンの神話伝承

フリーメーソンの思想の根幹には『聖書』がある。世界は絶対神ヤハウェによって創造された。創造とは、ひとつの建築である。宇宙は巨大な建造物であり、創造主である神は偉大なる建築者である。『アンダーソン憲章』には「宇宙の偉大なる建築者である神」とはっきりと記されている。いわばフリーメーソンにとって、究極のグランドマスターは創造神ヤハウェにほかならない。つまり、創造神ヤハウェはフリーメーソンなのだ。

⬆（上）『アンダーソン憲章』の扉。（左）中の挿絵。

絶対神の似姿として創造された人祖アダムも、当然ながらフリーメーソンである。人類最初のフリーメーソンにして、グランドマスターだ。先の文書に続いて『アンダーソン憲章』には「神の姿を模して創造されたアダムは自由科学、とりわけ幾何学を学び、心に刻んでいた」と記されている。最初のグランドマスターである創造神ヤハウェから建築の基礎である科学と数学を学び、技術を習得した。

アダムが手にした建築技術は息子たちに継承される。これには大きくふたつの流れがあった

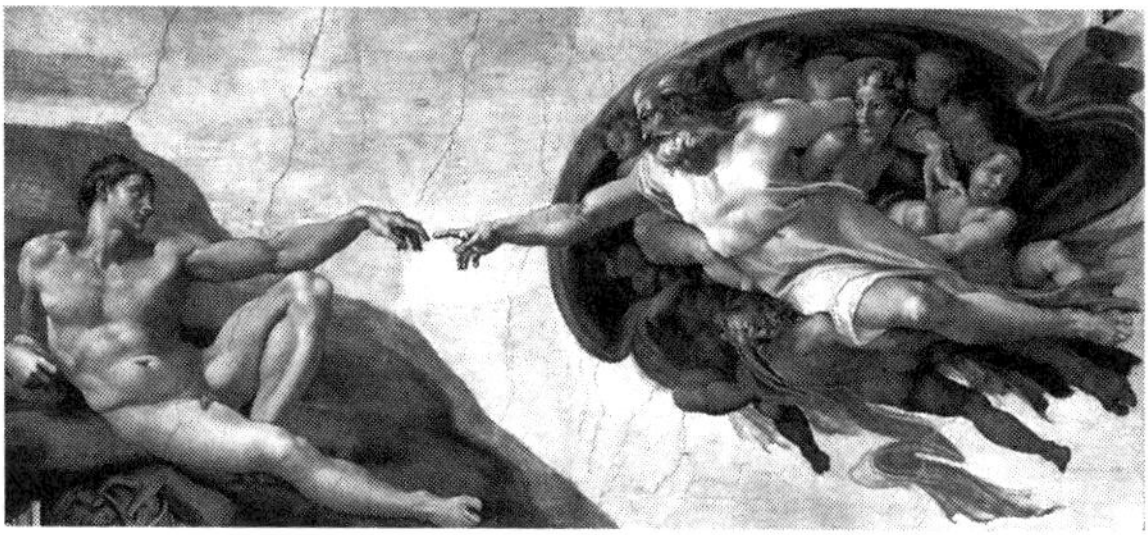

⬆神により、最初の人類として創造されたアダム。

と。ひとつは長男カインの一派で、もうひとつは弟のセトの一派である。カインは都市を築き、息子のエノクは科学技術を発展させた。子孫であるトバル・カインは金属精錬および加工技術、ユバルは音楽演奏技術、そしてヤバルは牧畜と天幕建造技術を磨き、立派なフリーメーソンとなった。

一方のセトは天文学に秀でていた。彼の子孫に対しては、アダムは幾何学と石工技術を伝授した。なかでも聖人として知られるエノクは、それぞれ石造と煉瓦製の2本の大きな柱を建造し、表面には自由科学の知識が刻まれていたという。

アダムから第10代目にあたるノアの時代には大洪水が発生した。事前に天変地異の発生を知らされていたノアは箱舟を建造するように創造神から指示されていた。ここでも代々継承されてきた建築技術がいかんなく発揮された。ノアの箱舟は幾何学と石工技術によって完璧に建造された。ノアと3人の息子は優秀なフリーメーソンであった。

ここでひとつ興味深いことがある。3人の息子の順番だ。一般

⬆創造神の指示によって箱舟を建造するノアと息子。

の『旧約聖書』には長男がセム、次男がハム、そして三男がヤフェトであると記されている。

これに対して『アンダーソン憲章』では、長男がヤフェト、次男がセム、そして三男がハムだと述べているのだ。聖書学的に、確かに「創世記」におけるノアの息子や家族の部分に関しては矛盾が指摘されており、一説には改竄《かいざん》されているのではないかともいわれている。

本来の長男がヤフェトだったとすれば、著者のアンダーソンは、どこから情報を得たのだろうか。フリーメーソンが隠し持っていた失われた聖典に、その秘密があるとは考えられないだろうか。

同様の疑惑が、もうひとつある。大洪水後、ノアと3人の息子たちは、持ち前の建築技術を

↑バベルの塔の建設を進めたニムロド。

もとに数多くの巨大な建造物を手がけた。なかでも圧巻だったのが、かの有名なバベルの塔である。建築を主導したのはハムの子孫ニムロドだった。バベルの塔の建設は創造神ヤハウェの怒りを買い、人々は言語を攪乱《かくらん》されて、世界中

↑ローマ神話の酒神、バッカス。名前の由来はニムロドにあるという。

に離散してしまうことになる。『旧約聖書』には悪王として描かれるが、彼もまた優秀なフリーメーソンだった。

建築家としての評価は高く、『アンダーソン憲章』には好意的に書かれている。ニムロドとは反逆者を意味するが、これは「創世記」を書いた預言者モーセが勝手につけた名前である。本来の名前はベルスといい、その意味は神である。カルデアの神ベルやバールの名前の由来と同じだというのである。さらに、ニムロドの父はクシュといった。クシュの息子を意味するバル・クシュからバークス、つまりは古代神バッカスの名が生まれたというのだ。

実に興味深い話だが、不可解なことに『旧約聖書』には、そうした記述はいっさいない。建築家としてのニムロドを評価するのはわかるが、根拠となる文書が見当たらないのである。勘繰るに、ニムロドの本名を記した聖典をフリーメーソンも持っていたのではないだろうか。ヤフェトが長男であるという記述を含めて、一般の『旧約聖書』にはない幻の聖典が存在し、それをフリーメーソンが所持している可能性は否定できない。

フリーメーソンの神殿建設

フリーメーソンは建築集団である。彼らにとって、もっとも重要な建築物は神殿である。創造主ヤハウェを祀る神殿を建築することは聖なる御業《みわざ》と見なされた。人祖アダムも創造神ヤハ

⬆創造神ヤハウェを祀るための祭壇を築くアダム。

ウェを祀るための祭壇を築いた。以後、アダムの子孫たちもフリーメーソンとして神殿を建設した。大洪水以後、ノアと3人の息子たちも、新世界を祝福して祭壇を作り、そこで犠牲を捧げている。

バベルの塔も神殿である。ニムロドはメソポタミア地方に数多くの都市を建設した。後のバビロニアである。古代バビロニア王国にはバベルの塔をモデルとして、巨大な聖塔ジグラットが建設された。ジグラットはカルデアの主神マルドゥクを祀る神殿である。マルドゥクの別名がベル、もしくはバールである。フリーメーソンの伝承によれば、この名前は神を意味し、バベルの塔を建設したニムロドの本名だという。

ニムロドの叔父にミツライムという人物がいる。『新共同訳聖書』

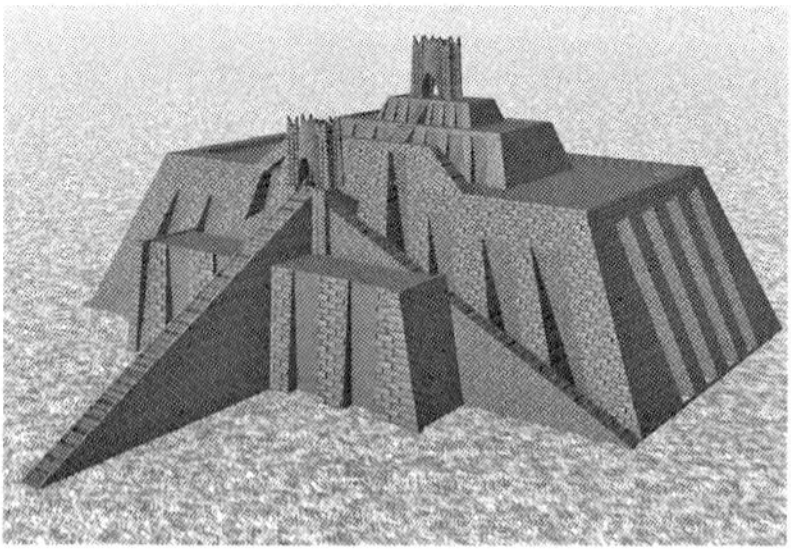

⬆イラクのウルに現存するジグラット。
⬅ジグラットの復元図。最上部に神殿があったのではないかといわれている。

ではエジプトとなっているが、ヘブライ語でミツライムという。『アンダーソン憲章』によれば、ミツライムの一族はエジプトに移住し、ここで石工技術を研鑽し、優れた石造物、すなわちピラミッド群を建設したという。しかも、ご丁寧に、ピラミッドに関する歴史家や旅行家たちによる説明は、ほとんど信用に値しないとまで述べている。よほどの根拠と自信があるのだろう。かのピラミッドは、すべてフリーメーソンの手によるものだと誇らしげである。

要は古代メソポタミア文明並びに古代エジプト文明、いわゆる古代オリエントの文明の担い手はフリーメーソンである。偉大なる古代遺跡、とくに巨石建造物はアダム以来の特殊な石工技術を継承するフリーメーソンの建築物だというわけだ。さらに、両文明を結ぶ重要なフリーメーソンがいる。預言者アブラハムである。

アブラハムは当初、アブラムと称した。アブラムはカルデアのウルで召命を受けた。彼はメソポタミアでフリーメーソンとして幾何学と建築技術を学んでいた。召命されたアブラムは、預言者アブラハムとしてエジプトに赴き、アッシリアの学問を伝えた。いわばグランドマスターとして、エジプト人に建築技術を授けたというのだ。

⬆エジプト人に建築技術を授けたという預言者アブラハム。

預言者アブラハムの知識と技術は、すべて息子および子孫たちに受け継がれた。アブラハムの息子イサクとエサウ、そして孫ヤコブである。ヤコブは神からイスラエルという名前をもらい、12人の息子たちからイスラエル12支族が誕生する。預言者を筆頭に族長に率いられたイスラエル12支族は、そのままフリーメーソンの組織である。預言者と族長はグランドマスターである。

ヤコブの家族たちは古代エジプトに移住

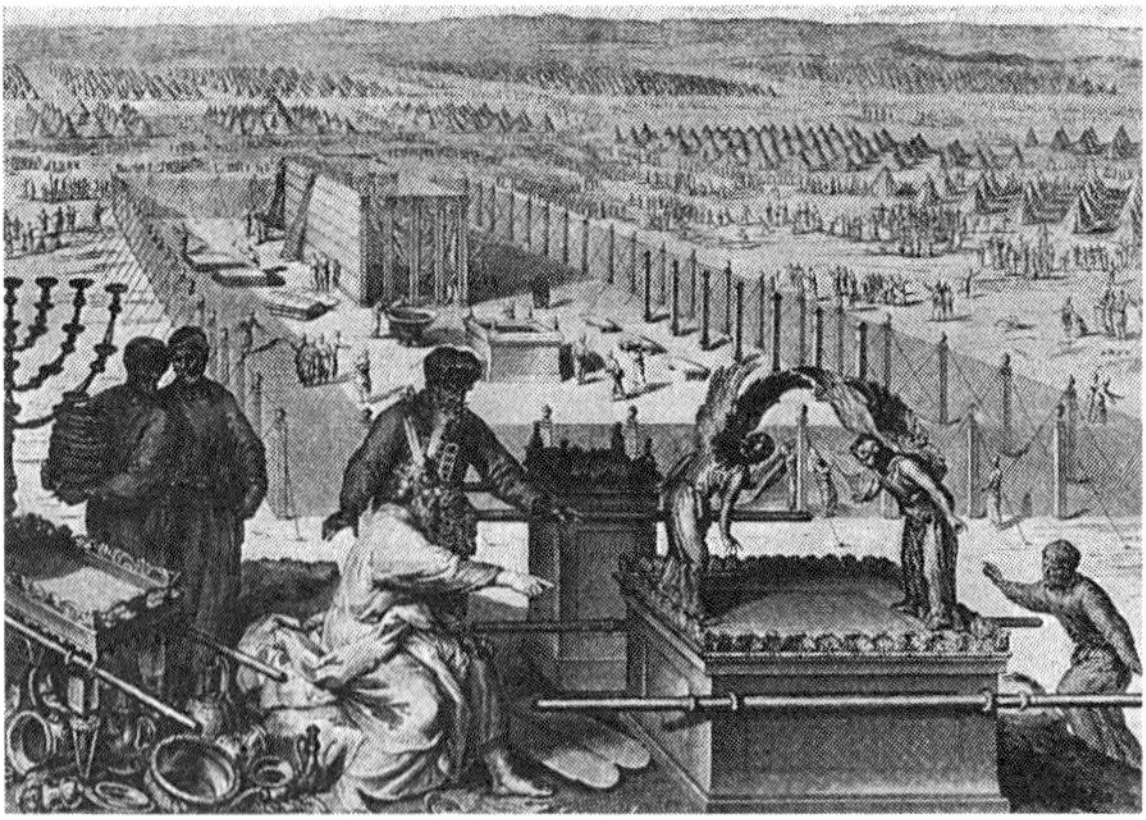

⬆創造神ヤハウェが顕現する契約の聖櫃《せいひつ》アークと、アークを取り扱うことができる大祭司コーヘンでグランドマスターのモーセ。

し、そこで繁栄。膨大な数の民となり、これが原因で体制側から危険視されるようになる。長い年月の末、イスラエル人たちは奴隷の身に落とされた。

が、ここで現れたのが大預言者モーセである。モーセはグランドマスターである。モーセに率いられてエジプトを脱出したイスラエル人の組織は、完全なるフリーメーソンの王国であった。モーセはグランドマスターとして、弟子たちに知識や技術はもちろんのこと、賢明なる指導と監督を行い、イスラエル人たちにフリーメーソンとしての規律を守らせたのだという。

秘儀伝授にあたって、それを行ったのが幕屋である。荒れ野を移動する際に用いた大きな幕を張った神殿である。幕屋は聖所と至聖所に分かれており、奥には創造神ヤハウェが顕現する契約の聖櫃アークが安置されていた。

聖所に入ることができるのは祭司レビ人のみで、とくに契約の聖櫃アークを取り扱うことができるのは大祭司コーヘンに限られていた。大預言者モーセとその兄アロンは、ともにイスラエル12支族のなかでも祭祀を専門に扱うレビ族だった。

いわば、祭司レビ人たちはマスターメーソンである。大祭司コーヘンたちはグランドマスターであり、神殿である幕屋はロッジなのだ。

今日、フリーメーソンはロッジのなかでさまざまな儀式を執り行うが、原型は幕屋にあるといっても過言ではない。

遊牧民であった古代イスラエル人は、やがてパレスチナ地方に定住して、古代イスラエル王国を築く。初代の王はサウルで、次のダビデ王の時代、固定式の神殿を建造するように預言が下る。続くソロモン王の時代に、モリヤの丘にエルサレム神殿が建造され、至聖所には契約の聖櫃アークが安置された。王の名前から、通称ソロモン神殿とも呼ばれる。

いうまでもなく、古代イスラエル王国の王は、みなグランドマスターである。なかでもエルサレム神殿を建設したソロモン王は別格である。『アンダーソン憲章』の言葉を踏襲するならば、まさに古代イスラエル王国は完全なるフリーメーソン王国であり、ソロモン王は完全なるフリーメーソン王だったのだ。

謎のヒラム伝説

近代フリーメーソンにとって『アンダーソン憲章』の意義は非常に重要だ。フリーメーソンの起源に関する神話伝説のなかで、ひと際異彩を放っているのが「ヒラム伝説」である。ヒラムとはフリーメーソンのレジェンドである。『アンダーソン憲章』のなかでは「ヒラム・アビフ：ＨＩＲＡＭ　ＡＢＩＦ」と記されている。ひと言でいえば、ヒラム・アビフとはソロモン神殿建設を仕切ったグランドマスターである。

伝説とはいうものの、歴史的に実在した人物である。『旧約聖書』には「ヒラム：ＨＹＲＭ、ＨＹＲＷＭ」、もしくは「フラム：ＨＷＲＭ」という名前で記されている。ただし、「ヒラム／フラム」なる人物は同時代に、ふたり登場する。

ひとりはフェニキア系の都市、ティルスの王としてのヒラム。ヒラム王はダビデ王と親交が深く、王宮を建設する際、さまざまな協力を申し出ている。当時、パレスチナ地方は緑豊かであったので、かの有名なレバノン杉を建築資材として提供。資材のみならず、木工や大工、すなわち建築集団も派遣してきた。

ダビデ王の息子ソロモンが王位に就いたことを知ったヒラム王は大いに喜んだ。ソロモン王が王宮のほか、エルサレム神殿を建設する際にも、最大限の協力を惜しまなかった。レバノン

⬆フリーメーソンの起源に関して伝説的人物となっているヒラム・アビフ。

杉や青銅などの資材を調達し、建築職人を大量に派遣してきた。これに対して、ソロモン王は、彼らを最大限に厚遇し、ヒラム王に対してもさまざまな報酬を支払い、ついには荘厳なるエルサレム神殿が完成したとある。

これに対して、もうひとりのヒラムは王の臣下である。青銅器などを鋳造《ちゅうぞう》する職人である。父親はティルス人というから、民族的にはフェニキア人である。母親はナフタリ族のイスラエル人で、祖父の名はダンといった。現代のように母親がユダヤ人なら、その子供は生まれながらにユダヤ人だという定義からすれば、ヒラムはユダヤ人といえよう。正確にはフェニキア系イスラエル人、あるいはフェニキア人ユダヤ教徒である。

彼はソロモン王の要請によって、ティルスのヒラム王によって派遣されてきた職人であり、エルサレム神殿の建設現場で一切を取り仕切る現場監督のような存在だった。『旧約聖書』では青銅の鋳造職人という扱いだが、フリーメーソンの伝承では伝説のグランドマスター、ヒラム・アビフだったというのだ。

しかし、不可解なことに『旧約聖書』には「ヒラム・アビフ」という名前の人物は出てこない。フリーメーソン研究家の間でも、これは謎となっている。初出は『アンダーソン憲章』であることが判明しているので、著者であるジェームズ・アンダーソンが創作したのではないかという見方も根強くある。

ただ、ヘブライ語の『旧約聖書』を読むと、「歴代誌・下」第2章12節に「HWRM　ABY」という言葉がある。日本語だと「フラム・アビ」と発音する。この「アビ：ABY」とは「父なる」という意味がある。文脈から、ここは「偉大なる」「達人」と解釈できるので、『共同訳聖書』では「職人の頭」と翻訳している。

中世の英語やドイツ語訳の聖書では、この部分が「HURAM　ABIF」となっていた。「ABI」ではなく、なぜ「ABIF」となっていたのか。本文中「ABY」に続くヘブライ語の文字は「B」であり、誤読して「ABIB」となり、さらに転訛して「ABIF」と表記された可能性がある。いずれにせよ、アンダーソンは、ここを固有名詞の一部と解釈し、かつフラムをヒラムに統一し、最終的にヒラム・アビフという名前に仕立てたらしい。ティルス王ヒラムと区別する意味でも、ヒラム・アビフのほうがわかりやすかったのだろう。

⬆ティルス（現レバノン）のヒラム王。ダビデ王、次のソロモン王が神殿を築く際に最大限の協力をした。

ソロモン神殿はフリーメーソンが建設した。現場を取り仕切ったグランドマスター、ヒラム・アビフは、まさに英雄である。実践的フリーメーソンにとっては、グランドマスターのなかのグランドマスターといっても過言ではない。ヒラム・アビフに対する崇敬は、やがて多くの秘教的伝説を生むことになる。

ヒラム・アビフの参入儀式

職人とって、技術は体で習得するもの。頭で暗記して理解するものではない。幾何学的な知識などは文書に残すこともできようが、高度な技術となると、やはり経験がものをいう。親方マスターメーソンから職人フェロークラフトへ、さらには職人フェロークラフトから徒弟エンタードアプレンティスへと、代々、肝心な奥義は口伝並びに動作や所作などで継承されてきた。伝統的に、フリーメーソンは儀式を重視し、ときに演劇をもって秘密の教えを仲間と共有してきた。位階が上がる際、必ず参入儀式が執り行われるのだが、そのとき、ひとつのテーマで寸劇が行われるのである。

なかでも重要なのが職人フェロークラフトから親方マスターメーソンに昇級する際に行われる密儀である。テーマは、ずばり「ヒラム伝説」である。『旧約聖書』や『アンダーソン憲章』には載っていないヒラム・アビフの生涯を演じることによって、グランドマスターの人生を追体験する仕組みになっている。内容は、ざっと、こんな感じである。

ソロモン神殿建設のグランドマスター、ヒラム・アビフは現場のフリーメーソンを3つの階級に分けていた。現在のブルーロッジと同様、①徒弟エンタードアプレンティス、②職人フェロークラフト、③親方マスターメーソンである。いずれも昇級にあたっては、秘密の暗号が取り決めてある。

神殿完成が間近に迫ったあるとき、15人の職人フェロークラフトがグランドマスターであるヒラム・アビフの名声を妬み、どうにかして親方マスターメーソンの暗号を聞き出そうと考えた。15人のうち12人は思いとどまったが、残る3人は作戦を実行に移した。3人の名は「ジェベラ」と「ジュベロ」と「ジュベラム」といった。ちなみに、彼らは昔のアニメ『妖怪人間ベム』の登場人物「ベラ」と「ベロ」と「ベム」のモデルだという都市伝説がある。

決行当日の昼ごろ、ジュベラとジュベロとジュベラムは、それぞれエルサレム神殿の南と西と東の門に隠れて、ヒラム・アビフを待ち伏せていた。最初、ヒラム・アビフは南門へ行くと、そこでジュベラから暗号を教えろと脅される。が、これを拒否すると、ジュベラは持っていた定規でヒラム・アビフの右額を切りつけた。

驚いたヒラム・アビフは、そのまま西門に逃れると、そこにはジュベロが待っていた。同じく暗号を教えるよう迫られるも、ヒラム・アビフは拒否。今度は、コンパスで胸を突き刺され

⬆エルサレム神殿の建設にからみ、3人の職人フェロークラフトに暗殺されるヒラム・アビフ。

てしまう。

負傷したヒラム・アビフは次に東門へ走ると、そこにはハンマーを持ったジュベラムが待っていた。再び暗号を聞かれるも、断固拒否したヒラム・アビフはハンマーで殴打され、ついには絶命する。遺体は東門から外へと運ばれて山の中腹に埋葬され、目印としてアカシアの小枝が地面に刺しておかれた。

事件から14日がたったころ、ヒラム・アビフの姿が見えないことを不審に思ったソロモン王が弟子の職人12人に命じて、大々的な捜索を行わせた。すると、エルサレム神殿の東方に、不可解な塚とアカシアの小枝が見つかった。試しに掘ってみたところ、なかからヒラム・アビフの遺体が現れた。そこで、弟子たちは秘密の儀式を執り行い、「獅子爪：ライオンズポー」と呼ばれる秘密のハンドサインで遺体と握手し、そのまま引き上げた。すると、ヒラム・アビフは息を吹き返し、見事に復活したという。

儀式とは、すべからく死と再生の疑似体験である。入学式や卒業式、結婚式、そして葬式に

↑ヒラム・アビフの死と再生をなぞるフリーメーソンの儀式。

至るまで、すべては死と再生である。それまでの人格を殺し、新たな人格をもって再生する。儀式の目的は、そこにある。

フリーメーソンは職人フェロークラフトから親方マスターメーソンに昇級するにあたって、このヒラム・アビフ伝説にあるヒラム・アビフ自身を演じるのである。ヒラム・アビフの死と再生をなぞることによって、親方マスターメーソンとして生まれ変わるのである。

言葉を換えれば、霊的なヒラム・アビフとなるのだ。これは日本における大嘗祭《だいじょうさい》に似ている。大嘗祭によって、天照大神《あまてらすおおみかみ》の天皇霊を身に宿すことによって、新たな天皇が現人神《あらひとがみ》として即位することと本質はまったく同じである。

ヒラム・アビフとイエス・キリスト

フリーメーソンには数多くの口伝がある。文書に残っていない独自の伝承があり、参入儀式を行う際、その意味を解説することもある。もちろん、口外は許されない。秘密の教えである。「ヒラム伝説」に関しても、実はフリーメーソン自らが声をひそめて語る裏の意味が存在する。

死から甦ったヒラム・アビフは、ある意味、不死不滅の存在である。彼は死に勝った。死から甦ったことで、不死身の存在となった。欧米社会において、不死身の存在といえば、取りも直さず、イエス・キリストである。十字架に磔《はりつけ》になって絶命したイエス・キリストは3日目に復活し、不死不滅の体となり、40日後に天に昇っていった。

古代イスラエル王国を完全なるフリーメーソン王国であると語る『アンダーソン憲章』だが、不可解なことに、イエス・キリストについては、ほとんど触れていない。著者のジェームズ・アンダーソンは長老派の牧師である。本来なら、もっと積極的にイエス・キリストについて触れてもいいはずだ。

なにしろ、キリスト教の正当教義「三位一体説《さんみいったいせつ》」からすれば、御父と御子と聖霊はひとつ。創造神ヤハウェとイエス・キリストは三位一体において同じ神である。御父＝創造神ヤハウェを宇宙の偉大なる建築者として位置づけるフリーメーソンは、同じく御子イエス・キリストもまた、この世の救い主フリーメーソンとして崇敬してもいい。なのに、まったくといっていいほど言及していないのは、きわめて不自然である。何か重大な理由があるはずだ。

答えは、ほかでもない、ヒラム・アビフである。死から甦ったヒラム・アビフの姿には、イエス・キリストが投影されているのだ。

イエス・キリストの職業は大工である。戸籍上の父親であるヨセフの稼業は大工であり、息

⬆（上）ユダ族のシンボルのライオンの像。ライオンはユダ族の紋章にもなっている。（下）エルサレム市章に描かれている、両手を前に出して立つライオン。

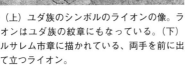

子であるイエスも建築家であり、石工職人なのだ。しかも、イエスはダビデ王の末裔であり、古代イスラエル王家の血を引く人間なのだ。ダビデ王やソロモン王がグランドマスターならば、まぎれもなくフリーメーソンだと見なしていい。

ヒラム・アビフは獅子爪ライオンズポーという握手によって死から甦った。ライオンズポーとはライオンの手という意味だ。ライオンはイスラエル12支族のうち、ユダ族の紋章である。ダビデとソロモン、そしてイエス・キリストは、みなユダ族である。

現在、エルサレム市の市章は両手を前に出して立つライオン像である。これはユダ族を象徴しているのみならず、フリーメーソンのライオンズポーも意味する。ちなみに、これとそっくりなエンブレムをもつ車メーカーがプジョーである。もちろん、フリーメーソンと無関係ではない。

イエス・キリストが投影されたヒラム・アビフに関して、もっともデリケートなのは、その身の上である。イエスの母親マリアは聖霊によって身ごもった。いわゆる処女懐胎である。肉体的にはヨセフはイエスの父親ではない。当時の社会において、イエスは婚外子であり、母マリアは寡婦《かふ》と見なされた。ヒラム・アビフの母親もまた、寡婦であったと記されている。フェニキア人の父がいたとあるが、本当の父親は不明である。

さらに、そのヒラム・アビフを派遣したティルスの王は、同名のヒラムである。まるで本当の父親はヒラム王だと暗示しているかのようだ。これは「御父ヤハウェと御子イエス・キリスト」に対する「御父ヒラム王と御子ヒラム・アビフ」の関係とそっくりである。
しばしば、フリーメーソンが声をひそめる理由は、イエス・キリストの本当の父親は絶対神ではなく、生身の人間だという点にある。奇跡を信じなければ、当然ながらそういう結論になる。2世紀の哲学者ケルソスはイエスの実の父親はローマ兵のティベリウス・ユリウス・アブデス・パンテラだと主張した。はたして、それが事実かどうかは別にして、イエス・キリストは神の子ではなく、婚外子であると考えるフリーメーソンがいることは事実である。

⬆哲学者ケルソスがイエスの実の父親だと主張したティベリウス・ユリウス・アブデス・パンテラの墓石。

しかし、こういった噂が出てくること自体、実はフリーメーソンの限界を示している。有史以来、ずっと続いてきたフリーメーソンの伝承も、その意味がわからなくなってしまったものが少なくない。あえていうなら、秘密主義の宿命であるといえよう。儀式が形骸化して、何を意味するのかわからないフリーメーソンは数多くいる。いや、むしろほとんどのフリーメーソンは真実を知らないのだ。

フリーメーソンの奥義を知る「鍵」は失われてしまったのだ。失われた聖典は、どこかに保持されているだろうが、肝心の読み解く「鍵」がない。次章では、フリーメーソンの失われた鍵と超古代フリーメーソンの正体に迫っていく。

第2章

超古代フリーメーソンの系譜と闇の秘密結社カインメーソン

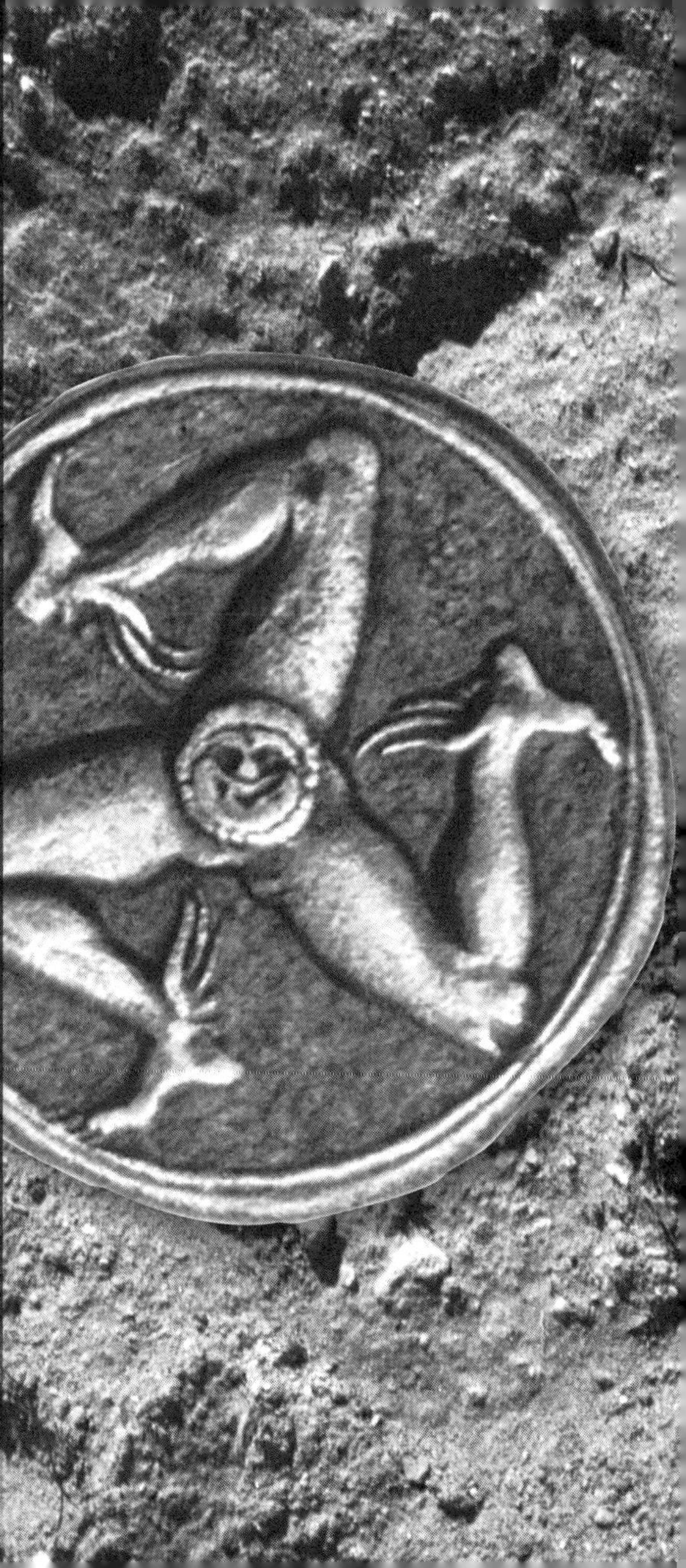

参入儀式と超能力

これは都市伝説である。アメリカの西海岸のとある街は映画業界で有名だ。映画のみならず、さまざまなエンターテインメント業界が数多くある。手品も、そのひとつ。大規模なイリュージョンは見る者を圧倒する。手品は一般にマジックと呼ばれる。本来、マジックといえば、魔術や魔法のことを指したが、現在ではトリックを前提としたエンターテインメントショーとして、広く認識されている。

どこの業界もそうだが、必ず組合がある。同業者が集まって、権利の保護や政治的な活動をしたりする。同じ業界の人間を守るためというのが大きな目的である。組合があるのとないのとでは、社会的な立場がまったく異なるのが現実である。

マジシャンたちにも組合がある。某街のマジシャン組合はファンタジーのようなお城のなかにある。その名もマジェスティック・シャトー（仮名）。マジェスティック・シャトーに所属するマジシャンたちには、ひとつの決まりがある。それは「自分たちが超能力者であることを口外してはならない」というもの。いったい、どういうことか。

文字通り自分たちが超能力者なのだ。そう、実はマジシャンといいながら、彼らのマジックは、すべてではないにしろ、実は本物の超能力が使われている。超能力者は、とかく本物かどうかで世間に好奇な目で見られ、しばしば攻撃の対象になる。逆に、最初からマジックですよといえば、いくら超能力を使ったところで、だれも目くじらを立てることはない。超能力で生計を立てることは難しいが、マジシャンと称することで、それも可能になるというわけだ。

マジェスティック・シャトーに所属するマジシャンにとって、ある意味、鉄の掟を破った男がひとりだけいる。スプーン曲げで有名なU氏だ。彼は本物の超能力者であることを公言したため、マジェスティック・シャトーから追放された。以後、U氏は今も、自分の超能力は本物であると主張し、世界各国でエンターテインメントショーを行っている。

さて、このマジェスティック・シャトーには、もうひとつ裏の顔がある。秘密結社フリーメーソンである。フリーメーソンの某ロッジも兼ねている。マジェスティック・シャトーのメンバーは、もちろん同時にフリーメーソンである。彼らは、マジシャンにして、超能力者のフリーメーソンなのである。

実は、これには深い意味がある。秘密結社フリーメーソンには超能力者や霊能者が必要なのである。おそらく多くのフリーメーソンは知らないかもしれないが、これは事実である。無神論や唯物論を是とし、奇跡や超常現象を否定するフリーメーソンは、もちろん少なくない。むしろ現代にあっては、超能力を否定するフリーメーソンのほうが多いかもしれない。

しかし、フリーメーソンの密儀を語るうえで、超能力や超常現象の存在は必然的に避けられない問題なのだ。秘密の儀式を行う際、ロッジは特別な場所になる。秘儀参入者は死と再生の儀式を行い、新たな人格をもったフリーメーソンとして生まれ変わる。このとき「フリーメーソン霊」を宿す。親方マスターメーソンの場合、伝説的ヒラム・アビフの霊を宿すことで特別な権能を得るのだ。

もちろん、あくまでも形式的な問題だという声もあろう。象徴的な儀式にしかすぎず、霊的な問題ではない。そう主張するフリーメーソンもいるだろう。が、しかし、そう思いながら行う儀式など、所詮、形骸化された遊戯にしかすぎない。子供の学芸会と何ら変わらない。

儀式にとって、もっとも重要な存在は祭司である。儀式を取り仕切り、その場に霊的な存在を召喚する人間が必要なのだ。一般の人間ではなく、特別な能力をもった人間、すなわち超能力者や霊能者、審神者《さにわ》、巫女、その他のサイキック能力をもった人間が不可欠なのである。

西洋魔術において、儀式では、しばしば天使や悪魔を召喚する。現在ではゲームのモチーフになっているが、まさに魔法陣や魔法円、シジルといった象徴図形を使い、儀式を行う場を聖別する。しかるべき式次第と呪文によって、霊的な存在を呼び寄せ、神聖なる儀式を執り行う。

同じことは伝統的なキリスト教のミサにもいえる。神父や牧師らによって行われる聖餐式《せいさんしき》は、それ自体が聖なる儀式である。ミサを通じて、その場に聖霊が降臨し、信者たちに聖なる力を与える。はたして、本当に聖霊が宿るのかどうかは、すべてミサを執り行う聖職者の権能にかかっている。世のミサの多くは形骸化しているが、本来は霊的な儀式であり、フリーメーソンの密儀とまったく同じものである。もちろん、それぞれの宗教の教義や神学から、いっしょにするなというご意見はあるだろうが。

　だが、少なくともフリーメーソンの一部は知っている。しかるべき立場のフリーメーソンは、秘儀参入において、もっとも重要な存在が霊的能力を備えた祭司であることを認識している。それゆえ、フリーメーソンは世の超能力者や霊能者に並々ならぬ関心をもっている。先に紹介した破門になったU氏もフリーメーソンと親しく、日本のグランドロッジを訪れている。

　フリーメーソンは自覚しているのだ。自分たちの組織には重要なものが欠けている。本来な

⬆魔術師のジョン・ディーとエドワード・ケリーが死者の精神を呼び起こしている場面。エドワード・ケリーは水晶球のなかに精霊や天使のビジョンを見ることができたという。

らばあったであろう権能が失われてしまった。かつては、しかるべき儀式を行えば、神聖なる権能を次世代に伝えることができた。それがいつの間にか儀式が形骸化し、ついには権能が失われたのだ。これが世にいう「フリーメーソンの失われた鍵」である。

ちなみに、先のMキャッスルの話は、あくまでも都市伝説である。そうした噂があるにすぎないので、ご注意を。

ユダヤ教神秘主義カッバーラと「生命の樹」

フリーメーソンの失われた鍵、その正体はユダヤ教神秘主義「カッバーラ：カバラ」である。カッバーラは西洋魔術のひとつに思われているが、実際は、そうではない。もっと根源的な哲学体系だといっていい。一般には、唯一神教を掲げるユダヤ教の密教だと解説されるが、その奥は深い。

カッバーラとは、もともと「受け取る」ことを意味するヘブライ語であり、現在では領収書の意味で使われる。一方的に絶対神から与えられる叡智にして、霊的な権能でもある。努力して修行したからといって手にできるものではない。あくまでも、すべては絶対神の意志にかかっている。

絶対神から召命された人間は預言者と呼ばれる。預言者はカッバーラの叡智を手にし、絶対神の言葉を取り次ぐ権能をもつ。カッバーラをもって儀式を行って組織を作り、そして民を導いていく。これが本来のフリーメーソンなのだ。その意味で『アンダーソン憲章』が大預言者アブラハムやモーセ、ダビデ、ソロモンをグランドマスターであると規定したことは間違いではない。むしろ、きわめて正しい。現代のフリーメーソンの多くは『アンダーソン憲章』をファンタジーとして軽視する傾向があるが、それこそカッバーラの権能を手にしていない証拠である。

⬆スコティッシュライトを組織したアルバート・パイク。

権能としてのカッバーラは失われてしまったが、象徴は残っている。欧米に残っていたカッバーラの象徴図形をフリーメーソンはかき集めた。薔薇十字団や古代密儀、秘密結社などからカッバーラの断片を集めては、さまざまなところに散りばめた。レッドロッジの各階級のシンボルなどは、まさに、その集大成である。スコティッシュライトを組織したアルバート・パイクの偉大なる業績であるといえよう。

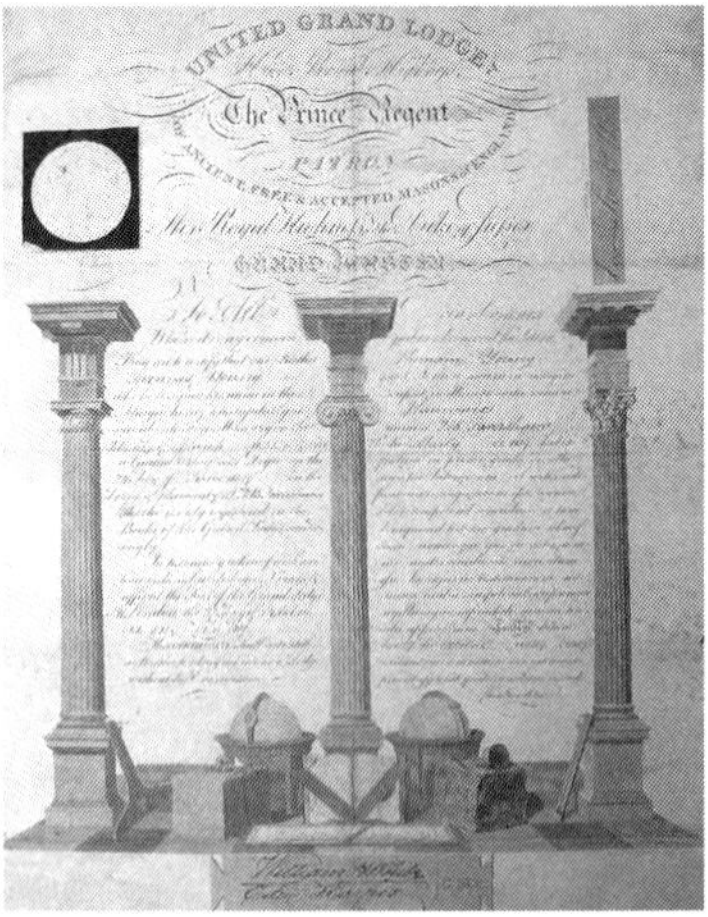

⬆フリーメーソンが描く３本の柱。左からドーリア式、イオニア式、コリント式。

カッバーラを知るにあたって、フリーメーソンが描く寓意画で、まず注目したいのが柱である。フリーメーソンは建築集団であるがゆえ、建物の基礎となる柱を描くことが多い。いずれも古代ギリシアの伝統的な柱をモチーフにする。具体的にドーリア式、イオニア式、コリント式という建築様式の柱をそれぞれ1本ずつ、合計3本描く。

4本ではないところがミソである。寓意画の定番として、白黒市松模様のトレーシングボードと呼ばれる四角い床模様があり、その四隅のうち3つに柱を描く。同様に、儀式を行うブルーホールの中央にある祭壇にも、その四隅のうち3つに柱を立てる。徹底して3本なのである。

なぜ3本なのか。古代ギリシアの建築様式が3つだからではない。カッバーラの奥義を表現した象徴図形「生命の樹」が三本柱構造になっているからだ。三本柱を描くことによって、フリーメーソンの思想の根底にはカッバーラが存在することを内外に宣言しているのだ。もっとも、これにさえ気づいていないフリーメーソンも、最近では多いが。

　カッバーラにおける「生命の樹」はきわめてシンプルである。基本構造は三本柱で、そこに「生命の樹の実」である11個の「セフィラ：セフィロト（複数形）」が配置されている。11個のうちひとつは隠されており、描くときは10個だけの場合もある。これらのセフィロトは22本の「小径：パス」でつながれており、これらはヘブライ語の22個のアルファベットに対応している。

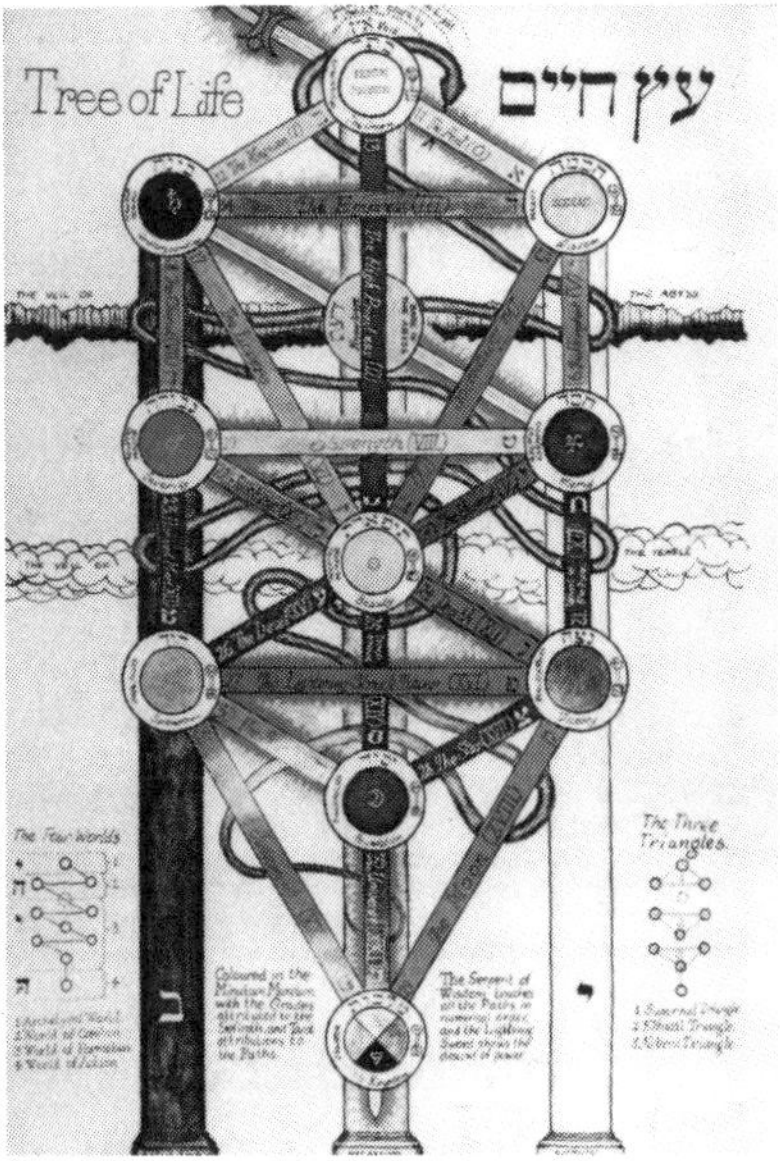

⬆「生命の樹」の図形。３本の柱に11個のセフィロトが配されている。

　まず、もっとも大切なのは、いうまでもなく三本柱である。それぞれ中央を「均衡の柱」、向かって右を「慈悲の柱」、そして左を「峻厳の柱」と呼ぶ。古来、柱は神の象徴と見なされた。天と地をつなぐ者としての絶対神だ。三本柱は絶対三神、すなわち「御父と御子と聖霊」を意味している。

　ただし、これはカトリックやギ

⬆カトリックの三位一体を描いた絵画。父なる神とその子イエスと聖霊は一体であるとする。

リシア正教、プロテスタントがいう正当教義としての「三位一体《さんみいったい》」ではない。三位一体説では、御父＝創造神ヤハウェ、御子＝イエス・キリスト、聖霊＝ルーハと位置づけるが、根本的なところで間違っている。

創造神ヤハウェは御父ではない。本当の御父は至高の神エル・エルヨーンである。尊敬複数形でエロヒムと表記されることもある。創造神ヤハウェは御子であり、受肉してイエス・キリストとなった。聖霊はコクマーと呼ばれる神であり、これはルーハと同一神である。この絶対三神に対する理解がカッバーラと世のキリスト教の神学とでは、まったく異なるのである。だからこそ、カトリックは歴史的にもフリーメーソンを受け入れられないのだ。

①中央：均衡の柱：御父：エル・エルヨーン＝エロヒム

②右側：慈悲の柱：御子：ヤハウェ＝イエス・キリスト
③左側：峻厳の柱：聖霊：コクマー＝ルーハ

三位一体説では3つのペルソナをもつが、絶対神は本質的にひとりであると説く。あくまでもユダヤ教の一神教を保持している。これに対してカッバーラの絶対三神は、互いに独立した「三位三体」「三体同位」を基本テーゼとする。御父エル・エルヨーンと御子ヤハウェ＝イエス・キリストは不死不滅の復活体、聖霊コクマーだけは霊体のみを有すると考える。

⬆カッバーラの絶対三神。カッバーラでは三位三体、三体同位が基本テーゼとなる。

フリーメーソンの哲学において、創造神ヤハウェは宇宙を建築した偉大なるグランドマスターである。当然ながら、フリーメーソンの失われた鍵、カッバーラからすれば、絶対三神、すべてフリーメーソンである。御父エル・エルヨーンはもちろんのこと、御子ヤハウェは宇宙を創造し、受肉してイエス・キリストとして誕生した後も、人間の職業として大工であり、文字通りフリーメーソンだった。参入儀式に降臨する聖霊コクマーは、もちろん霊的グランドマスターにほかならない。

ここを理解できているかどうか。本物のフリーメーソンと形骸化したフリーメーソンとの違いは、まさに、ここにある。そういっても、けっして過言ではない。真のフリーメーソンとは、いったい何か。これから、失われた歴史を復元していこう。

アダムメーソン

この世を創造した絶対三神がフリーメーソンであるなら、当然ながら、人祖アダムもまた、フリーメーソンである。ここでひとつ大事なことがある。宇宙が創造された時点で、御子ヤハウェは肉体をもっていない。聖霊コクマーと同じ霊的な存在である。肉体をもたず、霊体のみのフリーメーソンである。

アダムも、しかり。「創世記」をよく読むと、人間は2回、創造されている。古くから議論のある問題だが、基本的に最初の創造は霊体の創造であり、2回目の創造は肉体の創造である。肉体の創造はアダマー（赤土）によって行われたがゆえに、人はアダムという名前がつけられた。

ヤハウェという名前は天使名である。肉体をもたない創造神ヤハウェはイスラエルの守護天使であった。あらゆる天使のなかの天使長といっていい。『新約聖書』にはインマヌエルという天使名も記されている。母マリアの体を通じて受肉し、天使ヤハウェ＝インマヌエルはヨシュア＝イエスと命名された。

肉体をもたない霊体のアダムもまた、当時は天使だった。天使名をミカエルという。ヘブライ語でミカエルとは、神に似た者という意味である。これはアダムが神の似姿として創造されたことを意味している。

⬆大天使ミカエル。ミカエルとは「神に似た者」という意味だ。

誤解のないように断っておくが、天使の翼は象徴である。本物の天使に翼はない。翼は栄光を表す象徴であり、日本でいえば天狗の翼のようなものだ。実際、天狗のモデルは修験道《しゅげんどう》の山伏であり、その背中には翼などない。

カトリックの神学において、天使は絶対神と人間をつなぐ霊的な存在として位置づけられるが、カッバーラでは違う。受肉する前の人間と身体を神の力で変えられた状態、さらには復活体となった状態を「天使：マラク」と呼ぶ。たとえば、絶対神に召された預言者エノクはメタトロンとなり、預言者エリヤは昇天して天使サンダルフォンとなったと古代ユダヤの伝承では語られている。アダムの場合、受肉する以前と死後、身体を変えられてイスラエル人たちを導いたとき、天使ミカエルと呼ばれた。現在では、復活して不死不滅の体となった大天使ミカエルである。

霊的存在だったアダムは宇宙の創造に関わっている。絶対三神とともに、この宇宙の建築に関わったフリーメーソンである。とくに物質的な宇宙、太陽系や地球に関しては、創造神ヤハウェと大天使ミカエルが深く関与している。

ちなみに、人間が存在するのは地球だけではない。この宇宙には地球と同じような天体が無数に存在する。それらの星々にも、それぞれのアダムとエバがいる。宇宙の創造神ヤハウェのもと、諸々のアダムとエバがいる。当然ながら、そうした星々にも、それぞれの大天使ミカエルがいる。

この地球において、最初に受肉した大天使ミカエルはアダムとして、絶対三神を祀る神殿を建設している。エバが誕生すると、彼らは神殿で祈りを捧げている。子供たちが誕生すると、フリーメーソンの組織が生まれた。これが「アダムメーソン」である。グランドマスターであるアダムは息子カインとアベル、そしてセトたちにカッバーラの奥義を説いた。カッバーラをもとにさまざまな建築を行った。このあたりは『アンダーソン憲章』が語る通りである。

ただし、ひとつだけ大きく異なるのがピラミッドである。『アンダーソン憲章』ではバベルの塔以後、ハムの息子ミツライムがエジプトに赴き、数々のピラミッドを建造したとある。確かに、ほとんどのピラミッドはミツライムの子孫の手によるものだが、唯一、例外がある。ギザの三大ピラミッドである。三大ピラミッドだけは、古代エジプト文明の遺産ではない。

⬆（上）生きたまま昇天する預言者エリヤ。（下）天使サンダルフォン。

⬆（右）昇天する預言者エノク。（左）天使メタトロン。三大ピラミッドは預言者エノク＝天使メタトロンが建造したものだ。

三大ピラミッドからは神聖文字ヒエログリフが見つかっていない。大ピラミッドの重力拡散の間から発見されたクフ王のカルトゥーシュは偽造されたものであることがわかっている。三大ピラミッドは大スフィンクス像も含めて、ノアの大洪水以前から存在した。地元のベドウィンやアラブ人の古い伝承によれば、三大ピラミッドを建造したのは「サウリド」という名前の王だった。サウリド王の別名は「イドリス」といった。イドリスとはイスラム教の聖典『コーラン』における預言者エノクのことなのだ。

つまり、三大ピラミッドは預言者エノク、天使名メタトロンによって建造されたもの。いわばアダムメーソンの手によるものなのだ。アダムメーソンの根本教義であるカッバーラの「生命の樹」を四角錐という構造物で表現した神殿が三大ピラミッドなのだ。三大ピラミッドは絶対三神を象徴し、オリオン座の三ツ星を模している。

三大ピラミッドを古代エジプト文明の遺産であると考えているうちは、その謎は絶対に解けることはないだろう。預言者エノクは超古代の叡智を封印した記録庫として三大ピラミッドを建造している。いい換えれば、カッバーラを手にしたフリーメーソンでなければ、その封印を解くことはできないのである。

ノアメーソンと3つのフリーメーソン

旧世界と新世界を分けるのがノアの大洪水である。一般にノアの大洪水は神話であって、史実ではないと思われている。聖書原理主義でもない限り、今から約4500年前に地球的規模の大洪水があったことなど信じる人はいないだろう。が、フリーメーソンにとってノアの大洪水は常識である。合理主義を標榜し、ノアの大洪水の史実性を疑うフリーメーソンがいたら、その程度であると思っていい。

ノアの大洪水が事実であった証拠はトルコのアララト山にある。『旧約聖書』の記述通り、アララト山系のアキャイラ連山にノアの箱舟が今も化石化して眠っている。アメリカ軍は極秘裏に調査し、その実在性を証明したばかりか、ノアの大洪水のメカニズムまで解明している。

詳細は既刊に譲るが、膨大な水は宇宙からやってきた。約4500年前、月が超接近して地殻が破壊され、内部の水が宇宙空間にスプラッシュした。それが地球に降り注いだ結果、地表が一時的に水没したのである。これによって、超古代文明は滅亡し、ノアの箱舟に乗ったわずか8人だけが助かったのだ。

最後のアダムメーソンとなったのが預言者ノアと3人の息子と妻たちである。彼らのことを特別に「ノアメーソン」と呼ぶ。旧世界と新世界をつなぐノアメーソンの建造物は、なんといっても箱舟である。全長約134メートル。三層構造になっており、長さと幅と高さの比は、垂直になっても沈没しない黄金比になっている。ゴフェルと呼ばれたイトスギを材料とし、表面に漆喰《しっくい》を塗って、コンクリートのような強度を保っている。

大洪水以後、ノアは祭壇を作り、犠牲を捧げて神を祝福している。祭壇は神殿であるといっていい。これに応えて、創造神ヤハウェは、もう二度と地上に大洪水を起こすことはないと約束された。ノアは新世界における人祖アダムとなった。アダムの天使名がミカエルであるように、ノアの天使名はガブリエルである。聖母マリアの受胎告知に現れた天使はノアである。絵画では女性に描かれることが多いが、実際は男である。女性が天使として人間の前に遣わされることはない。

ノアメーソンはカッバーラの「生命の樹」の構造を踏襲する。ノアの3人の息子から、それ

⬆大洪水の後、祭壇を作り、生贄《いけにえ》を神に捧げるノア。

ぞれ独立した3つのフリーメーソンが誕生する。

ただし兄弟の順番は『旧約聖書』の記述にある①セム、②ハム、③ヤフェトではなく、『アンダーソン憲章』が語る①ヤフェト、②セム、③ハムである。なぜか。理由はほかでもない、セムの子孫からイエス・キリストが誕生しているからである。イエスは「生命の樹」の三本柱のうち、2番目の慈悲の柱を構成している。ノアの3人の息子でいえば、これが次男に相当するというわけだ。

よって、新たなノアメーソンは「ヤフェトメーソン」と「セムメーソン」と「ハムメーソン」という序列で三本柱を形成する。そこで、改めて3つのノアメーソンを絶対三神に対応させて、3人の息子および子孫たちの歴史を重ねると、およそこうなる。

御父エル・エルヨーンのヤフェトメーソンは欧米社会を作り出し、今日の世界を支配している。民族としては、主にアーリア人などの白人種コーカソイドやペルシア人、そして有色人種のインド人で、宗教としてはバラモン教やヒンドゥー教、ゾロアスター教を生み出す。ギリシア哲学やインド哲学など、思想や科学に長じて、ヨーロッパからインド亜大陸へと広がった。

御子ヤハウェのセムメーソンは、その子孫からイエス・キリストが誕生し、ユダヤ教とキリスト教、そしてイスラム教を生み出していく。民族としては有色人種ユダヤ人やアラブ人など中東系のセム系民族のほか、アジア全域に広がって、黄色人種モンゴロイドとなる。日本人も基本的にセム系民族で、セムメーソンの流れを汲む。

聖霊コクマーのハムメーソンは、主に黒人種ニグロイドで、アフリカ全土に広がった。バベルの塔を建造したニムロドのように、メソポタミア地方ではジグラットを建造。ミツライムの子孫は古代エジプト文明を築き、ピラミッドをはじめとする巨石建造物を手がけた。まさしく石工としてのフリーメーソンである。

カインメーソン

ノアの大洪水以後、3人の息子たちには子孫が増える。当初、彼らはノアといっしょに住んでいたのだが、そのとき、ちょっとした事件が起こる。ぶどう酒で酔っ払ったノアが裸で眠り込んでしまった。これを見たハムがふたりの兄にいった。するとヤフェトとセムは裸を見ないように着物を裸のノアにかけた。酔いからさめたノアは怒り、ハムの息子であるカナンに呪いをかける。

「こう言った。『カナンは呪われよ。奴隷の奴隷となり、兄たちに仕えよ』

また言った。『セムの神、主をたたえよ。カナンはセムの奴隷となれ。神がヤフェトの土地を広げ（ヤフェト）、セムの天幕に住まわせ、カナンはその奴隷となれ』」（「創世記」第9章25～27節）

なんとも釈然としないエピソードである。裸を見たのはハムなのに、ハム自身ではなく、その息子が呪われている。カナンにしてみれば、とんだとばっちりである。ふつうに裁判をすれば、無罪判決が出るはずだ。いったい、これは何を意味しているのか。

ノアの息子の順番も含めて、このあたりの記述は不可解なところが多い。写本を作る際にミスをしたか、もしくは意図的に改竄《かいざん》されている可能性が以前から指摘されている。秘教的に見れば、裸を覆った着物は、いわゆる預言者の外套で、これ自体がカッバーラに関わる奥義を象徴しているともいう。

ただ不幸なことに、人類の歴史はノアの呪いの通りになった。ハムの子孫の多くはニグロイドである。中世ヨーロッパではアフリカの黒人が奴隷としてアメリカ大陸へと強制的に移住さ

⬆ハムに裸で眠り込んだところを見られたノアはハムの息子カナンを呪う。

せられ、艱難辛苦《かんなんしんく》を味わった。今でも「ブラック・ライブズ・マター」問題に代表されるように人種差別が残っている。

　いったい、この呪いの源泉は何なのか。実は遡ると、これがアダムの長男とされているカインに行きつく。ノアの3人の息子にはそれぞれ妻がいた。このうち、ハムの妻はカインの末裔だった。

　カインは弟アベルを殺したことで神に呪われた。人類最初の殺人者として「しるし」をつけられた。しるしをつけられたカインは不死身となった。さらに、カインの子孫レメクも殺人者となった。彼はカインの復讐が7倍に対して、レメクのためには77倍だと宣言している。

ここに闇がある。『アンダーソン憲章』ではアダム以後、人類は大きくふたつの流れがあっ

⬆神にそれぞれ捧げ物をするカイン（右）とアベル（左）。アベルの子羊は神に受け入れられるが、カインの農作物は受け入れられなかったため、これを恨んだカインはアベルを殺してしまう。

たと記している。ひとつはセトのフリーメーソン。これはアダムメーソンの本流であり、ノアに至る。もうひとつはカインのフリーメーソン、あえていうならば「カインメーソン」である。レメクもまた、カインメーソンのグランドマスターだ。

ノアの大洪水が起こる前、地上は堕落し、悪がはびこっていた。原因は悪魔である。魔王サタンが人心を惑わしていた。魔王サタンは、かつて光の天使だった。カッバーラでは熾天使《してんし》ルシフェルといい、堕落して堕天使《だてんし》ルシファーとなった。本書では、熾天使のころをルシフェル、堕天使をルシファーと呼び分けている。

カインを殺人者に駆り立てたのは堕天使ルシファーである。ルシファーはカインの嫉妬心につけ込み、アベルを殺させた。さまよえる者となったカインであったが、その子孫もまた、同様に殺人者となる。当時、地上には殺人者の集団が存在していた。まさに悪の秘密結社があった。それはカインメーソンのなかにあった。

カインメーソンも、かつてはアダムメーソンの一員として、カッバーラを手にしていた。神の預言者であったが、カッバーラの落とし穴「ケリッポト」という球殻に閉じ込められ、そのまま「生命の樹」を真っ逆さまに落ちた。行きついたのが「死の樹」である。

闇のカッバーラと「死の樹」

カッバーラは陰陽二元論である。この世に光があれば、闇がある。カッバーラの奥義を象徴する「生命の樹」は、もともとエデンの園に生えていた樹木を意味している。「生命の樹の実」を食べると、永遠の生命がもたらされる。「生命の樹」の別名を「知恵の樹」という。

これに対して、エデンにはもう一本、樹が生えていた。「死の樹」である。こちらは「知識の樹」である。「知識の樹の実」を食べると絶対神のように善悪を知るようになる。創造神ヤハウェはアダムとエバに対して、「生命の樹」から実をとって食べてもいいが、「知識の樹」からは実をとって食べてはいけないと固く命じていた。

ところが、そこへ年老いた蛇、すなわちサタンがやってきた。サタンは「知識の樹」にからみつき、エバを誘惑。まんまと騙されたエバは「知識の樹の実」を食べてしまう。これを知ったアダムもまた、禁断の樹の実を口にしてしまい、これが原因でふたりはエデンの園を追放されてしまうことになる。

追放されるとき、人類は永遠の生命をもたらす「生命の樹」に近づくことも禁じられてしまった。楽園を追放されたときから、人類はアダムとエバの原罪を背負いながら生きる宿命となり、これを身代わりとなって救済したのがイエス・キリストだというのがキリスト教の基本テーゼである。カッバーラにおいて「生命の樹」には青銅の蛇がからみついているが、これはサタンではなく、イエス・キリストである。モーセの旗竿に巻きついた青銅の蛇ネフシュタンで知られるように、「生命の樹」に巻きつく蛇は十字架にかかったイエス・キリストの象徴なのだ。

⬆サタン（蛇）にそそのかされ、知識の樹の実を食べるアダムとエバ。

「生命の樹」：「知恵の樹」：青銅の蛇＝イエス・キリスト＝創造神ヤハウェ

「死の樹」：「知識の樹」：炎の毒蛇＝サタ

⬆モーセの旗竿に巻きついた青銅の蛇ネフシュタン。カッバーラで生命の樹にからみついている青銅の蛇は十字架にかかったイエス・キリストを象徴している。

ン＝堕天使ルシファー

　このように「生命の樹」と「死の樹」は表裏一体。互いに鏡像関係になっている。「生命の樹」を昇っているつもりでも、ケリッポトに落ちると、そのまま「死の樹」を下降していくことになる。左右が反転しているだけで、両者はそっくり。基本となる三本柱は絶対三魔によって構成されている。絶対三魔とは大魔王サタンとなった堕天使ルシファー、反キリストと呼ばれた黙示録の獣６６６、それに偽預言者のことである。

①中央：反均衡の柱：大魔王：サタン＝堕天使ルシファー

②右側：反慈悲の柱：反キリスト＝黙示録の獣666
③左側：反峻厳の柱：偽預言者

殺人を犯したカインは反キリストである。カインの子孫で、かつ自らの意志で殺人を行ったレメクは偽預言者に相当する。いずれも闇のカッバーラを手にしたフリーメーソン、つまりはカインメーソンである。ノアの大洪水以前、カインメーソンによって支配された人々は堕落し、殺人が横行していた。ゆえに、これを嘆いた創造神ヤハウェは地上を大洪水によって滅ぼそうと決意したのである。

⬆カッバーラでは死の樹の三本柱は堕天使ルシファー、黙示録の獣666、偽預言者の絶対三魔によって構成されている。

　しかし、ノアの家族8人以外で、唯一、大洪水を生き延びた男がいる。そう、カインである。彼は、神からしるしを受けて、不死身の人間となった。大洪水の際、ノアメーソンを真似てカインメーソンたちも巨船を建造した。が、黄金比ではなかったがゆえ、最終的に難破して、乗っていた人間はカインを除いて全員死亡した。彼の巨船もまたノアの箱舟と同様、アララト山に漂着した。今も山頂付近の氷河のなかに埋まっている。

カインは闇の預言者である。アダムメーソンの末裔たちを堕落させ、地獄へ落とそうとたくらんでいる。大洪水を生き延びたカインは密かにノアの一族に近づいた。とくに自らの血を引くハムの息子たちに接近。なかでもカナンをもって、カインメーソンの復興をたくらんだのである。これを見抜いたノアは怒り、ハムではなく、カナンに呪いをかけたというわけだ。ハム自身にはカインの血は流れていないからだ。

誤解のないように断っておくが、ニグロイドが呪われているわけではない。呪われたのはカナンの子孫であり、ほかのハムの子孫については呪われていない。いったい、どの国の民族がカナンの末裔なのか。今では、だれも知るよしもない。

セムメーソンとイスラエル人

大洪水後、ノアとセム一家はメソポタミア地方へと移住する。古代シュメール文明の担い手は、彼らである。シュメール神話に登場する大洪水の主人公ウト・ナピシュテムはノアのことである。シュメール神話の世界観で語られているため、多神教の物語になっているが、主神エルが本来、御父エル・エルヨーンのことである。ただ、最高神という位置づけで、ここには創造神ヤハウェも投影されている。

メソポタミア地方には、早い段階からハムの子孫たちが街を建設していた。バベルの塔を建造したニムロドも、多くのジグラットを建造している。その意味では、ノアメーソンの本流セムメーソンが移住し、ハムメーソンが巨大な神殿を建設していったのが古代バビロニア王国であったといえよう。

ノアが亡くなると、セムは現在のエルサレムへとやってきて、ここにサレム王国を建てる。彼はサレム王「メルキゼデク」と呼ばれた。預言者ノアがもっていた大祭司の権能はセムが継承した。メルキゼデクとは大祭司の称号である。セムメーソンにおいてメルキゼデクは偉大な祭司王にして、グランドマスターだった。

グランドマスターであるメルキゼデクへの謁見を賜り、権能を与えられたのが預言者アブラハムである。彼は戦に勝利した後、戦利品の10分の1をメルキゼデクに捧げた。これはサレムにあった神殿に奉献したことを意味する。かくして、アブラハムはセムメーソンのグランドマスターに就任したのである。

アブラハムは独自の組織を構築する。アブラハムの子イサク、そして孫ヤコブに対して、セ

⬆セムメーソンのグランドマスターであるサレム王「メルキゼデク」に謁見するアブラハム（右）。メルキゼデクはパンとぶどう酒でアブラハムを祝福している。

ムメーソンの組織整備を命じている。これがイスラエル12支族である。『アンダーソン憲章』が宣言するように、古代イスラエル王国は完全なるフリーメーソン王国なのだ。興味深いことに、アブラハムのもうひとりの息子イシュマエルは後にアラブ人の祖となるが、彼の子孫も12支族を形成する。すなわちイシュマエル12支族である。

ここでも「生命の樹」の三本柱構造の伏線が敷かれている。イスラエル12支族からはユダヤ教が生まれ、そこからキリスト教が派生する。さらに、イシュマエル12支族からは預言者ムハンマドが現れ、イスラム教が誕生する。

これら『旧約聖書』を正典とする3つの宗教は、①御父エル・エルヨーン：ユダヤ教、②御子ヤハウェ＝イエス・キリスト：キリスト教、そして③聖霊コクマー：イスラム教と、見事なまでに対応している。御父がユダヤ教で、御子がキリスト教に対応することは異論がないだろう。イスラム教の唯一神アッラーに関しては、創造神ヤハウェと同一神であるが、肉体をもたない普遍なる霊的存在だという教義は、絶対三神のうち聖霊の性格と重なっていることに注目してほしい。

イスラエル人は古代エジプトで膨大な数の民となる。最初に移住したのがヨセフである。ヨセフは古代エジプト王国にあって宰相の地位にまで昇りつめる。娶《めと》った妻はヤフェトの子孫だった。妻アセナトはオンの祭司ポンティ・フェラの娘ということで、ハムの子孫だと考える研究家もいるが、当時、エジプトは異民族ヒクソスの支配下にあった。ヒクソスはセム系の民族だが、ここにヤフェト系もいたらしい。当時でいうと、ミタンニやヒッタイトはヤフェト系だった。

ヨセフの子供たち、すなわちエフライムとマナセは、ともにヤフェト系の血も引いていた。要は、ヤフェトメーソンの系譜にも連なっていた可能性が高いのだ。セムメーソンとヤフェトメーソンは互いに密接な関係にあることが預言されている。セムメーソンが社会を築くところには、必ずヤフェトメーソンがいるのだ。これはノアが語った「ヤフェトの土地を広げ、セム

⬆ヨセフの息子、エフライムとマナセを祝福するヤコブ。ヨセフの隣にはヤフェトの子孫である妻アセナトがいる。

の天幕に住まわせる」という預言の成就でもある。

セムメーソンとハムメーソンの戦い

古代エジプト王国は魔術の文明である。偉大なるオカルト帝国だといっていい。カッバーラの知識をもった魔術師が多数存在した。多くは闇のカッバーラであった。ハムメーソンによって作られた文明だが、そこにカインメーソンが忍び寄る。カインメーソンによる黒魔術が徐々に支配するようになっていくのである。

ヨセフが宰相になって以来、古代エジプト王国にはイスラエル人が住み着いた。イスラエル人は膨大な数となった。が、セム系のファラオがいなくなり、ハム系のファラオの代になると、徐々にハムメーソンの影響が強くなり、ついにはイスラエル人たちは奴隷の身となった。

こうした状況のなか、レビ族のモーセが創造神ヤハウェによって召命された。預言者となったモーセは、改めてセムメーソンの組織を構築する。グランドマスターは、いうまでもなくモーセである。そのほかにふたり、グランドマスターが就任する。モーセの兄アロンとユダ族のフルである。

⬆アマレクとの戦いでモーセの両腕を支えるアロン（右）とフル（左）。

彼らはアマレクとの戦いにおいて、モーセの両腕を支えたことでも知られる。兄弟構成から①アロン、②モーセ、そしてほかの部族である③フルが、「生命の樹」の絶対三神構造を成す。②御子ヤハウェ＝イエス・キリストの柱に相当するモーセがイスラエル人のメシアとして召命されたのは、ここに理由がある。

3人のグランドマスターの幹部のもとには、イスラエル12支族の族長が各支族を束ねるグランドマスターとして召命される。さらに、これとは別に、モーセ直属の70人から成る長老組織が設置される。これは後々、ユダヤ教における最高意思決定機関「サンヘドリン」と呼ばれる組織である。

セムメーソンの中枢組織が固まると、いよいよ大預言者モーセは出エジプトを決断する。イスラエル人を奴隷として支配する古代エジプト王国のファラオに対して民の解放を要求したのだ。当然ながら、ファラオは要求を断固拒否する。頑なな態度に対して、創造神ヤハウェは10の災いをもたらすのだが、そのときセムメーソンとハムメーソンの呪術戦争が行われている。

最初、アロンが持っていた杖を地に投げると、突如、蛇に変わった。これに対して、ファラオの呪術師も杖を投げると蛇になった。が、アロンの蛇は呪術師の蛇を飲み込み、ファラオは驚いた。これは魔術である。アロンと同じ魔術を呪術師は使うことができた。闇のカッバーラの力である。

同様に、アロンの杖はナイル河を血のようにし、大量の蛙を発生させた。ファラオの呪術師たちも同じことをやってみせた。が、続くブヨの発生については、ついに呪術師たちは再現することができなかった。勝ち目はないと悟った彼らは「これは神の指の働きでございます」と

⬆セムメーソンとハムメーソンの呪術戦争。アロンの蛇がファラオの呪術師の蛇を飲み込んでいる。

述べて降参している。セムメーソンの奇跡がハムメーソンの呪術に勝った瞬間である。

しかし、それでもファラオは態度を改めず、最後には闇の災いと長子殺害という事態に陥り、ついにはイスラエル人たちの出国を許可する。夜明けを待って、大預言者モーセに率いられたイスラエル人たちはエジプトを脱出し、約束の地へと出発した。

ところが、ファラオの心に再び悪魔が忍び寄る。怒りに燃えたファラオは全軍を率いて、イスラエル人を追撃する。『旧約聖書』には記されてはいないが、おそらく現場には地上を徘徊する宿命を背負ったカインの姿もあったはずだ。カインメーソンによって乗っ取られたハムメーソンは、セムメーソンに対して最後の戦いを挑んだのである。

結果は、ご存じの通り。最後は、かの紅海割れの奇跡が起こり、イスラエル人たちは無事に対岸に渡ることができたが、エジプト軍は襲ってきた波に飲まれて、みな海の底へと消えていった。

ちなみに、出エジプトをしたのはイスラエル人だけではなかった。イスラエル人と親交の深かった者たちも、いっしょに旅立っている。彼らの多くはヤフェトの子孫である。主にエフライム族とマナセ族と行動をともにしたヤフェトメーソンの可能性が高い。

古代イスラエル教とヘブルメーソン

イスラエル人がセムメーソンとして、完全なるフリーメーソン王国を築くにあたって、もっとも重要な儀式が創造神ヤハウェとの契約であった。シナイ山において、大預言者モーセは10の戒めを刻んだ「十戒石板」を授与される。これは創造神ヤハウェが切り出して、文字を刻んでいる。文字は石板の両面に書かれていた。

しかし、シナイ山を下りてくると、事件が起きていた。待ちきれない民衆がアロンに黄金の子牛像を作らせ、大騒ぎをしていたのである。偶像崇拝に陥ったとして、モーセは激怒し、持っていた十戒石板を叩き割り、騒ぎを先導した者たち3000人を粛清。神に贖罪《しょくざい》を乞うて、再びシナイ山に登った。創造神ヤハウェは改めて十戒石板を授けるのだが、不可解なことに、文字は片面にしかなかった。

一般に、最初に授与された十戒石板と再び授与された十戒石板に書かれた内容は同じであると考えられている。『旧約聖書』にも、そう書かれている。が、はたして、そうだろうか。文字の大きさが同じだとすれば、明らかに最初のほうが文字数が多い。書かれている文章ももっと多く、内容も異なるはずである。

そう、ユダヤ教には表と裏がある。表の顕教と裏の密教である。顕教では創造神ヤハウェを唯一神とするが、密教であるユダヤ教神秘主義カッバーラでは御父と御子と聖霊の絶対三神の存在を説く。最初の十戒石板にはカッバーラの奥義が記されていたのだ。

実は現在、『旧約聖書』の研究はきわめて進んでおり、どうやって「創世記」を含む「モーセ五書」が成立したのか、かなりのことがわかってきている。「モーセ五書」は大預言者モーセが書いたとされるが、自身の死について記しているのは、明らかに矛盾である。このほかにも、当時、あるはずのない表現などが記されており、実際に成立したのは、かなり時代が下ってからだと判明している。

大きな転機となったのは紀元前7世紀に行われたヨシヤ王の宗教改革である。ヨシヤ王は徹底的な一神教改革を推し進め、エルサレム神殿にあった偶像や祭具などをすべて一掃した。隠された聖典が見つかったという記述から、どうも、これが「申命記」になったのではないかと見られている。宗教改革以前のユダヤ教は、実は一神教ではなかった可能性がある。少なくとも、今日のユダヤ教ではない。あえて本書では「イスラエル教」と呼ぶ。

⬆ヨシヤ王はエルサレム神殿から偶像や祭具などを取り除き、偶像崇拝をあらためる宗教改革を行った。

ヨシヤ王の宗教改革によって一神教のユダヤ教が成立した裏で、それまでのイスラエル教は密教としてのユダヤ教神秘主義カッバーラとなった。つまり、本来は一神教ではなく、三神教だったのだ。

その証拠が契約の聖櫃《せいひつ》アークである。創造神ヤハウェとの契約である十戒石板は聖なる黄金の箱、すなわち契約の聖櫃アークに納められた。ここには、ほかにアロンの杖とマナの壺があった。いわばイスラエルの三種神器である。神器が3つあるということは、まさに絶対神が3人いることを示している。そう、イスラエル教は三神教だったのだ。

創造神ヤハウェと契約を結んだセムメーソンは、この時点で、新たなるフリーメーソンとなった。「ヘブル（ヘブライ）メーソン」である。ヘブルメーソンはカッバーラの奥義を継承し、契約の聖櫃アークからエルサレム神殿を建設。ソロモン王は栄耀栄華を極めることになる。『アンダーソン憲章』がいうように、ソロモン王はヘブルメーソンのグランドマスターとして君臨したのだ。

イエス・キリストとヘブルメーソン

ヨシヤ王の宗教改革によって、それまで三神教だったイスラエル教は一神教のユダヤ教へと変貌してしまった。しかも、それから間もなく、バビロン捕囚が起こる。新バビロニア王国が聖地エルサレムを占領し、紀元前578年、イスラエル人たちは遠くメソポタミア地方へと連行されてしまったのだ。この間、約50年。アケメネス朝ペルシアによって捕囚から解放されたイスラエル人たちは、やがてユダヤ人と呼ばれるようになる。彼らは、かつてのイスラエル教を忘れ、唯一神ヤハウェのみを崇拝するユダヤ教徒となった。

しかし、ユダヤ教の密教として地下水のごとく命脈を保ったイスラエル教は突如、泉のごとく歴史の表に噴出する。カッバーラを公然と掲げるメシアが現れたのだ。そう、イエス・キリストである。イエスは保守的なユダヤ人ユダヤ教徒たちを徹底的に批判した。この世に存在する神は3人、御父と御子と聖霊であると主張したのだ。

しかも、イエスは自らを指して「ありてある者」だと断言した。ありてある者とは、ヘブライ語で、すなわちヤハウェのことである。イエスは創造神ヤハウェにして、御子なる絶対神だとユダヤ教徒たちの前で公言したのだ。畏れ多くも、創造神ヤハウェを自称するとは、これ以上の冒瀆はない。怒ったユダヤ人ユダヤ教徒たちは、ついにはイエス・キリストを十字架の磔《はりつけ》にまで追いやったのである。

イエス・キリストの目的はイスラエル教の復元である。そのために、ヘブルメーソンを再編した。モーセ以来の長老組織サンヘドリンとは別に、新たなヘブルメーソンを組織した。これがイエス12使徒と70弟子である。イエス12使徒はイスラエル12支族の族長に、70人弟子は70人長老組織に対応する。

とくに、12使徒の筆頭であるペトロとヤコブとヨハネは、アロンとモーセとフルの3人に相当する。兄弟関係を意識すれば、①ヤコブ、②ヨハネ、③ペトロという関係だろうか。「生命の樹」の三本柱からすれば、使徒ヨハネはイエスに相当する。イエスが死から復活したように、使徒ヨハネも死なない体から復活して甦り、仲間から不死身の存在と噂された。

イエス・キリストはヘブルメーソンのグランドマスターである。前世において、宇宙を創造した建築家にして、現世では職業として大工であった。フリーメーソンを組織するにあたって、イエス・キリストは身をもって死と再生を果たした。復活したイエス・キリストは伝説のヒラ

⬆「キリストの変容」に描かれたイエスと使徒ヤコブ、ヨハネ、ペトロ。この3弟子はアロン、モーセ、フルに相当する。

⬆自殺したユダ・イスカリオテの代わりに12使徒のひとりに加えられたマティヤ。

ム・アビフと同様、不死身となり、フリーメーソンの生けるグランドマスターとなったのである。

イエス・キリストが昇天した後、地上には再編されたヘブルメーソンが残された。イエスを裏切った12使徒のひとり、ユダ・イスカリオテは自殺したが、代わりにマティヤが空席を埋めた。イエス12使徒たちはカッバーラの真実を伝えるために、全世界へと旅立っていった。彼らが目指したのはフリーメーソンである。とくに、世界中に散ったセムメーソンたちを捜し求めた。彼らならば、カッバーラの意味を理解できるからだ。創造神ヤハウェが受肉して、十字架上で死んだ後、不死不滅となって復活したことを福音として伝え聞いたセムメーソンの末裔たちは、今も世界中に存在する。

12使徒たちが旅立った後には、70弟子たちが残った。彼らはユダヤ教徒と同様、再建されたエルサレム神殿で祈りを捧げていた。言葉はヘブライ語、もしくはアラム語を話し、ユダヤ人の風俗風習を守っていた。専門的にはユダヤ人原始キリスト教徒といい、人々からは「エルサレム教団」と呼ばれた。保守的なエルサレム教団は、もっぱらヘブルメーソンを伝道対象にしていた。

ヘブライ語、あるいはアラム語を日常語とするユダヤ人を「ヘブライスト」といい、これに対してコイネー・ギリシア語を日常語とするユダヤ人を「ヘレニスト」と呼ぶ。ヘレニストのユダヤ人原始キリスト教徒たちはシリアを活動拠点として「アンティオキア教団」を形成する。エルサレム教団の筆頭が使徒ペトロであるのに対して、アンティオキア教団の筆頭は伝道者パウロである。

パウロは、福音はユダヤ人のみならず異邦人にも述べ伝えるべきだと主張し、シリアからヨーロッパへと伝道した。『新約聖書』のほとんどはパウロの物語である。彼が目指したのはヤフェトメーソンである。ちょうどパウロの弟子のひとりがギリシア人の医師ルカであった。4つの福音書のうち、「ルカによる福音書」だけがギリシア人の手によるものなのは、ここにヤフェトメーソンが関わっているからにほかならない。

アンティオキア教団によってヨーロッパにもたらされた原始キリスト教は、どんどん信者を増やし、迫害を受けながらも、やがて古代ローマ帝国の国教となる。残念ながら、このころにはカッバーラの神髄は見失われ、教会組織が巨大化していく。かくしてカトリックが強大となり、キリスト教はヨーロッパから全世界へと広がっていく。カトリックからはギリシア正教が分かれ、中世にあってはプロテスタント諸派が誕生した。ノアの預言のように、セムメーソンによって張られたキリスト教という天幕にヤフェト系による教会が勢力を広げていったのだ。

ヤフェトメーソンとノストラダムス

超古代フリーメーソンから新世界フリーメーソン、そして近代フリーメーソンに至るまで、カッバーラの断片は全世界に伝えられた。古代遺跡から現代建築に至るまで、そこかしこにカッバーラの象徴である「生命の樹」の痕跡を見出すことができるだろう。これらはみな、フリーメーソンが命脈を保ってきた証である。

しかし、忘れてはならないことがある。儀式を継承したからといって、権能を受け継ぐわけではない。預言者の召命が一方的であるように、権能の鍵もまた、事情によって取り去られることもある。12使徒のひとり、ユダ・イスカリオテも悪魔の誘惑に勝てず、ケリッポトに陥ってしまったがゆえ、「生命の樹」からすべり落ちて、ついには「死の樹」を下降していくはめになった。ケリッポトに入った時点で、彼の権能は一方的に取り去られていたのだ。

近代フリーメーソンはヤフェトメーソンの流れを汲む。現在は儀式が形骸化し、カッバーラの権能をもつ者は皆無に等しい。超能力者や霊能者らをメンバーに招いて儀式を試みるも、所詮は預言者ではない。奇跡ひとつ起こすこと自体、かなり難しい。下手をすると、魔物が忍び寄り、恐るべき超常現象を引き起こすこともある。カインメーソンが入り込むことも十分予想される。

⬆祭司長たちの前で接吻し、イエスであることを示すユダ・イスカリオテはケリッポトに陥った。

だが、その一方で、絶対神から召命されることで、権能が復活する組織もある。必ずしもフリーメーソンの組織体をとらずしても、復元されることもある。極端な話、預言者ひとりでも、それは立派なフリーメーソンなのだ。

いい例がノストラダムスである。予言者として知られるフランスのミッシェル・ノストラダムスはユダヤ人である。カトリック教徒ではあるが、カッバーラを習得していた。彼の祖父は、父方も母方もユダヤ人ユダヤ教徒にしてカッバーリストであった。祖父たちは少年ミッシェルに英才教育を施し、立派なカッバーリストに育て上げた。

モンペリエ大学などで医学を学んだノストラダムスは長い旅の末、ついに絶対神にまみえる。光の召命を受けて、彼は預言者となった。召したのはイエス・キリストである。ノストラダムスは手紙のなかで、予言のすべては神から来ていると述べている。ここでいう予言とは預言のことである。

⬆カッバーリストで、絶対神から召命され預言者となったノストラダムス。

カッバーラでは預言者の栄光には3段階があると説く。上から「至高世界：太陽の栄光」「中高世界：月の栄光」「下層世界：星の栄光」である。ちなみに、その下には「地獄」が控えている。このうち2番目の月の栄光によくしたのがノストラダムスである。彼は自らが月の預言者であると述べている。

ノストラダムスの家系はイッサカル族に連なる。その意味で、ヘブルメーソンだといえよう。

ヤフェトメーソンが命脈を保つヨーロッパにあって、ノストラダムスはひとり、ヘブルメーソンの預言者として召命されたのだ。

イルミナティとシークレットガバメント

陰謀論では、フリーメーソンと並んで必ず名前が挙がるのが「イルミナティ」である。「バイエルン啓明結社」とも呼ばれる。1776年、ドイツのインゴルシュタット大学の教授アダム・ヴァイスハウプトが結成した政治的秘密結社である。

もともとフリーメーソンとはまったく別の組織であったが、3つの階級を取り入れたことで、非常に似た形になる。似ているだけではない。当時、フリーメーソンにはない秘密の教えがあると触れ込み、積極的に勧誘を行った。ために、フリーメーソンが続々と加入することになり、あたかも外郭団体のような様相を呈した。

イルミナティの思想は、ひと言でいえば啓蒙主義である。王政や教会の権威を否定し、基本的人権の尊重など、今日でいえば、当たり前の自由主義を標榜した。実際の目的がどうであれ、ある意味、現代の多くの自由主義の国々はイルミナティが望んだ社会を実現させているといっても過言ではない。

ただ、18世紀当時、イルミナティの思想は危険だった。アダム・ヴァイスハウプト自身はイ

⬆政治的秘密結社イルミナティを結成したアダム・ヴァイスハウプト。

エズス会の修道士だったが、当のヴァチカンから目をつけられた。1785年には、バイエルン政府から解散を命じられ、事実上、イルミナティは消滅した。歴史的には、わずか9年ほどの活動しかない。

　ところが、だ。イルミナティは解散したものの、メンバーはそのままフリーメーソンだった。看板は下ろしたものの、イルミナティの思想はフリーメーソンのなかに生き残った。陰謀論的にいえば、イルミナティはフリーメーソンに寄生し、思想によって中枢を乗っ取ったのだ。

　近代フリーメーソンはフランス革命やアメリカ独立革命、ドイツ革命、さらにはロシア革命や日本の明治維新に至るまで、革命思想の担い手であった。本来、フリーメーソンには革命思想などない。革命思想を仕込んだのはイルミナティにほかならない。イエズス会の神父オーギュスタン・バリュエルやイギリスの作家ネスタ・ヘレン・ウェブスターは世界革命の元凶は地下にもぐったイルミナティにあるとして強烈な陰謀論を展開した。これが今日に至るまでのイルミナティ陰謀論の原点だといっていい。

しかしながら、イルミナティには実体がない。アダム・ヴァイスハウプトのイルミナティは解散して、名前を継承した団体も存在しない。にもかかわらず、世にはイルミナティを自称する団体やメンバーがいる。

曰く、アダム・ヴァイスハウプトのイルミナティは本物ではない。本物のイルミナティは、もっと歴史が古い。ヨーロッパ王家の一族を自称するレオ・ザガミによれば、イルミナティは超古代にまで遡る秘密結社で、メンバーは、みな貴族であるのだとか。彼のいい分からすれば、まさにヤフェトメーソンがイルミナティということになる。最近では、爬虫類型異星人レプティリアンの陰謀組織がイルミナティなのだという都市伝説も、まことしやかに噂されている。

実態は、どうなのか。もちろん、イルミナティという言葉は近代の言葉である。啓蒙主義を意味する英語「エンライトメント」やフランス語「エルミール」に類する言葉で、古くは新プラトン主義のひとつ「イルミニズム」に由来する。本来は光の意味なのだが、ここでは闇の光、すなわち堕天使ルシファーに紐づけられている。大魔王サタン＝堕天使ルシファーは、かつて光の熾天使ルシフェルだった。イルミナティとは、この堕天使ルシファーの光を意味していると解釈される。

⬆かつて光の熾天使《してんし》ルシフェルだった堕天使ルシファー。イルミナティは堕天使ルシファーの光を意味している。

あえて翻意を汲み取って、悪魔的な秘密結社を想定するならば、それはカインメーソンである。殺人者カインからレメク、カナンへと続き、古代エジプト文明のハムメーソンにも寄生したカインメーソンこそ、陰謀論でいう超古代イルミナティに相当する。

カインメーソンは現在、フリーメーソンのなかに浸透している。フリーメーソンのなかでも世界的に権力をもっている人間は本気で世界征服を目論んでいる。フリーメーソンの基本テーゼと思想とは別に、カインメーソンは人類を滅亡の淵に追いやろうとしている。

陰謀論では、イルミナティやフリーメーソン、三百人委員会、クラブ・オブ・ジ・アイルズ、外交問題評議会CFR、日米欧三極委員会TLC、王立国際問題研究所RIIA、ブナイ・ブリス、ユダヤ長老組織など、さまざまな団体名がやり玉に挙げられるが、結局のところ、そのトップに君臨する連中の名前は決まっている。必ず名指しされるのは、ロスチャイルドとロックフェラーである。両家を含めた国際権力13家族が世界を支配しているという。

あえていおう。連中はカインメーソンである。現在、カインメーソンの中枢はアメリカにある。軍産複合体をバックとするアメリカ合衆国の「シークレットガバメント：陰の秘密政府」には「13人委員会」という奥の院がある。ここにはロスチャイルドとロックフェラーがいる。

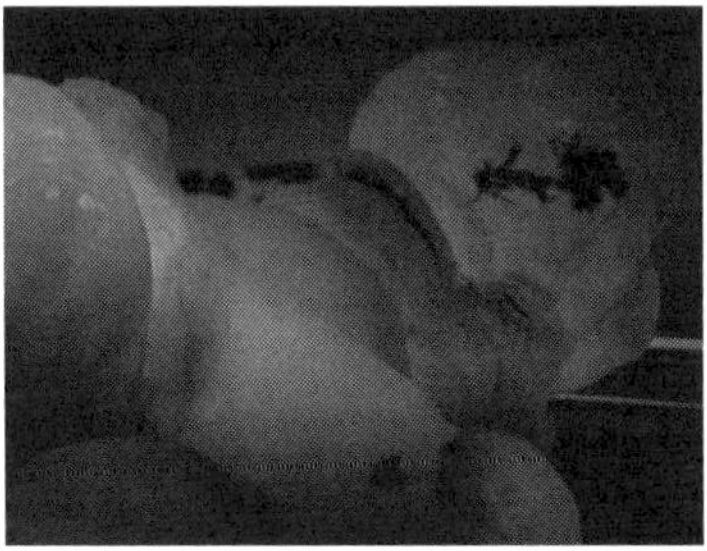

⬆（上）ペンタゴンの地下にある13人委員会の席にかつて座っていたアドルフ・ヒトラー。（下）ペンタゴンの地下で肉体だけが生きている現在のヒトラーの姿。

秘密会合の場所はアメリカ国防総省ペンタゴンの地下にあり、フリーメーソンでいうロッジのような部屋がある。ここには大きな円卓があり、13人分の椅子が並べてある。会合の出席者は常に12人。上座の座長席は空席である。空席ではあるが、見えない魔物が着座している。魔物の正体は大魔王サタン、すなわち堕天使ルシファーだ。

大魔王を召喚するにあたって、かつて、ここにはひとりの男が座っていた。男の名はアドルフ・ヒトラー。かのナチス・ドイツの総統である。1945年、ヒトラーはベルリンの地下壕で自殺したことになっているが、実は生き延びて、妻のエバ・ブラウンとともに、アメリカ合衆国に密かに亡命している。すでに寿命は尽きているが、最先端の医学によって肉体だけは生きている。意識がないのに生かされている理由は、それが堕天使ルシファーの意志だからだ。

この堕天使ルシファーの言葉を取り次ぐのが、闇の女霊媒師である。かつてナチス・ドイツにかくまわれていたが、戦後、アメリカ軍が連行してきた。生き残っているのは、今やふたり。人肉を食らう恐ろしい存在である。シークレットガバメントは闇の女霊媒師を通じて、堕天使ルシファーの言葉を託宣として受け、世界戦略を練っている。全人類を不幸のどん底に叩き落とすために、恐るべき人類最終戦争を計画しているのだ。

第2部
アーサー王伝説とハルマゲドン大預言
フリーメーソンが封印した
「オノゴロ島」の謎

パラダイム!!
時は止まることなく
流れ
歴史も停止する
ことはない!

人類は
発展という階段を
上昇しながら
多くのターニング・
ポイントを経て
新たな発見を
戸惑いと畏敬の目で
受け入れていく!

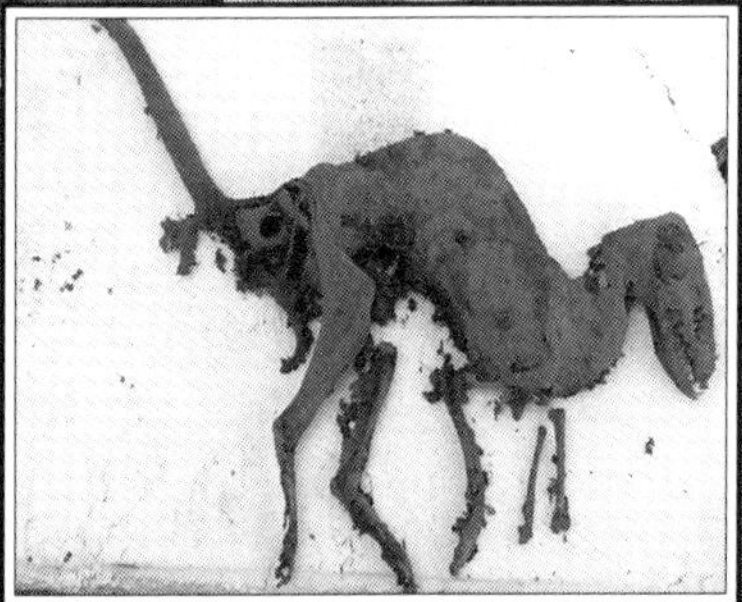

▲ロシアのシベリア地方の鉱山から恐竜と思われるミイラが発見された!

◀インドのウッタラカーンド州の変電所で感電死したと思われる恐竜のミイラが発見された!

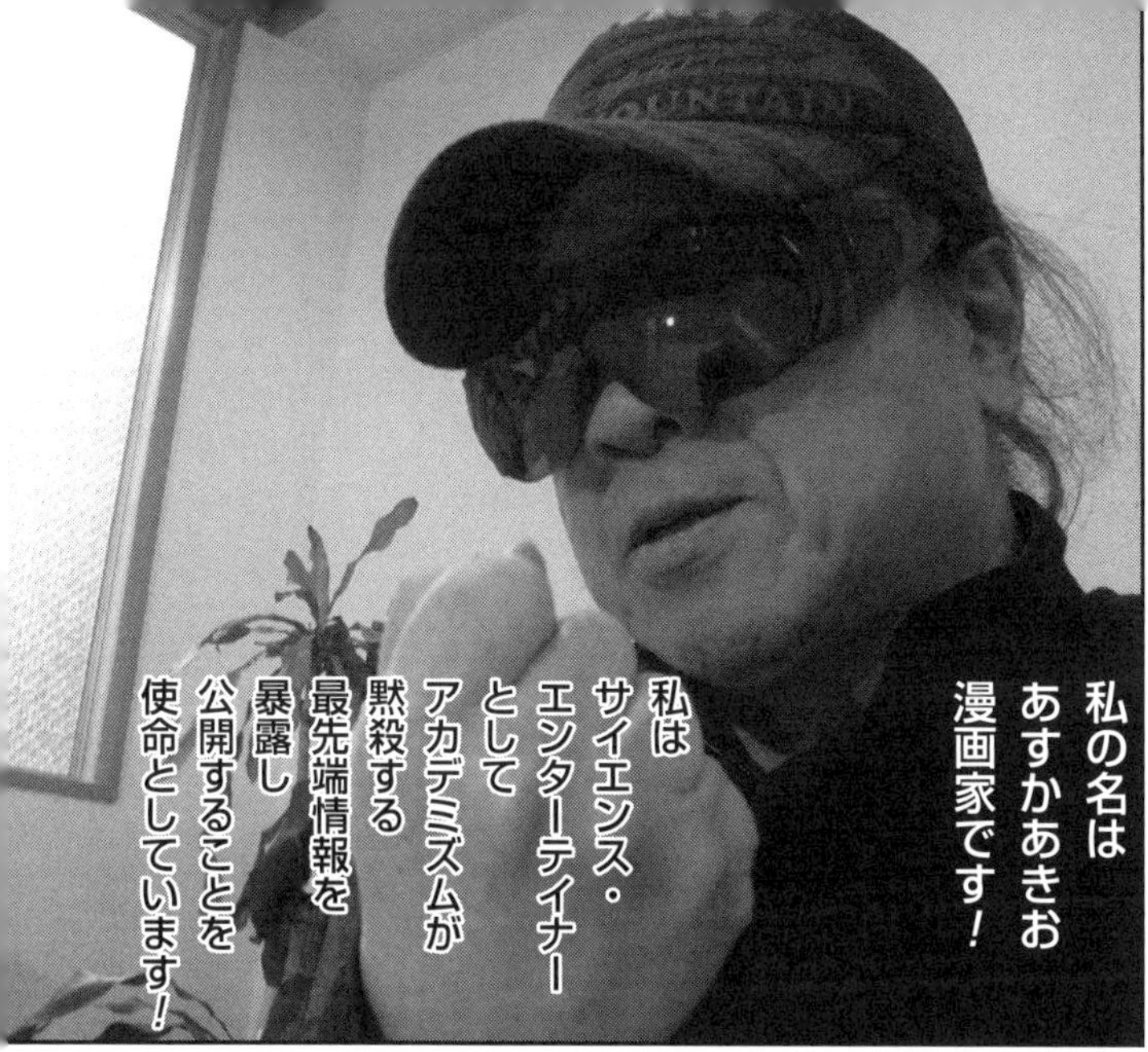
私の名は
あすかあきお
漫画家です！
私は
サイエンス・
エンターテイナー
として
アカデミズムが
黙殺する
最先端情報を
暴露し
公開することを
使命としています！

その過程で
多くの
有名人や
著名人との
出会いが
あります！
芸能プロダクション（株）air社長／杉田愛子氏と

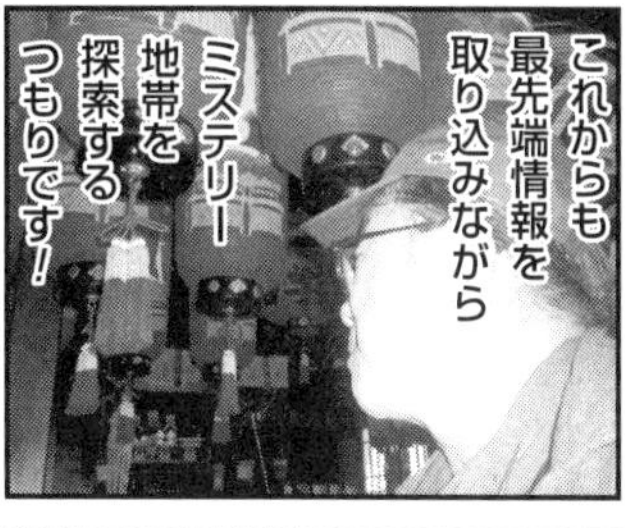
これからも
最先端情報を
取り込みながら
ミステリー
地帯を
探索する
つもりです！

また
講演会・ツアー・
各種イベント・
SNS・CATV・
地上波TV……
そして
ラジオ・
ネット配信にも
出演しています！

また
オフィシャルサイト
「飛鳥昭雄ワールド」
「アスカジーラ」で
さまざまな情報を
発信しています!!

〈ASKAZEERA〉

〈ASKA AKIO WORLD〉

飛鳥堂では
foomii
(有料メルマガ)で
「ASKAサイバニック
研究所」
という飛鳥情報を
毎週5本のペースで
発信しており
アマゾンと
ヤフーで
飛鳥堂オリジナル
DVDやグッズを
販売し
同時に
オール飛鳥昭雄の
季刊誌「ASKA」
「ハイパーエレメント
ASKAシリーズ」の
新刊書・小説を
Kindle版とともに
発行します!!

foomii
有料メルマガ配信サービス「フーミー」

amazon
YAHOO! JAPAN

ASKADO

オノゴロ島!!
日本神話に登場する謎の島で
天地開闢《かいびゃく》の際男神のイザナギ命と女神のイザナミ命はその島を造り
次々と国土を産み日本列島を成すがオノゴロ島本体はいつの間にか姿を隠してしまう!!

大本の聖師出口王仁三郎は日本列島を世界の中枢とする世界雛型論を唱え日本列島が世界大陸と象応すると主張した!!

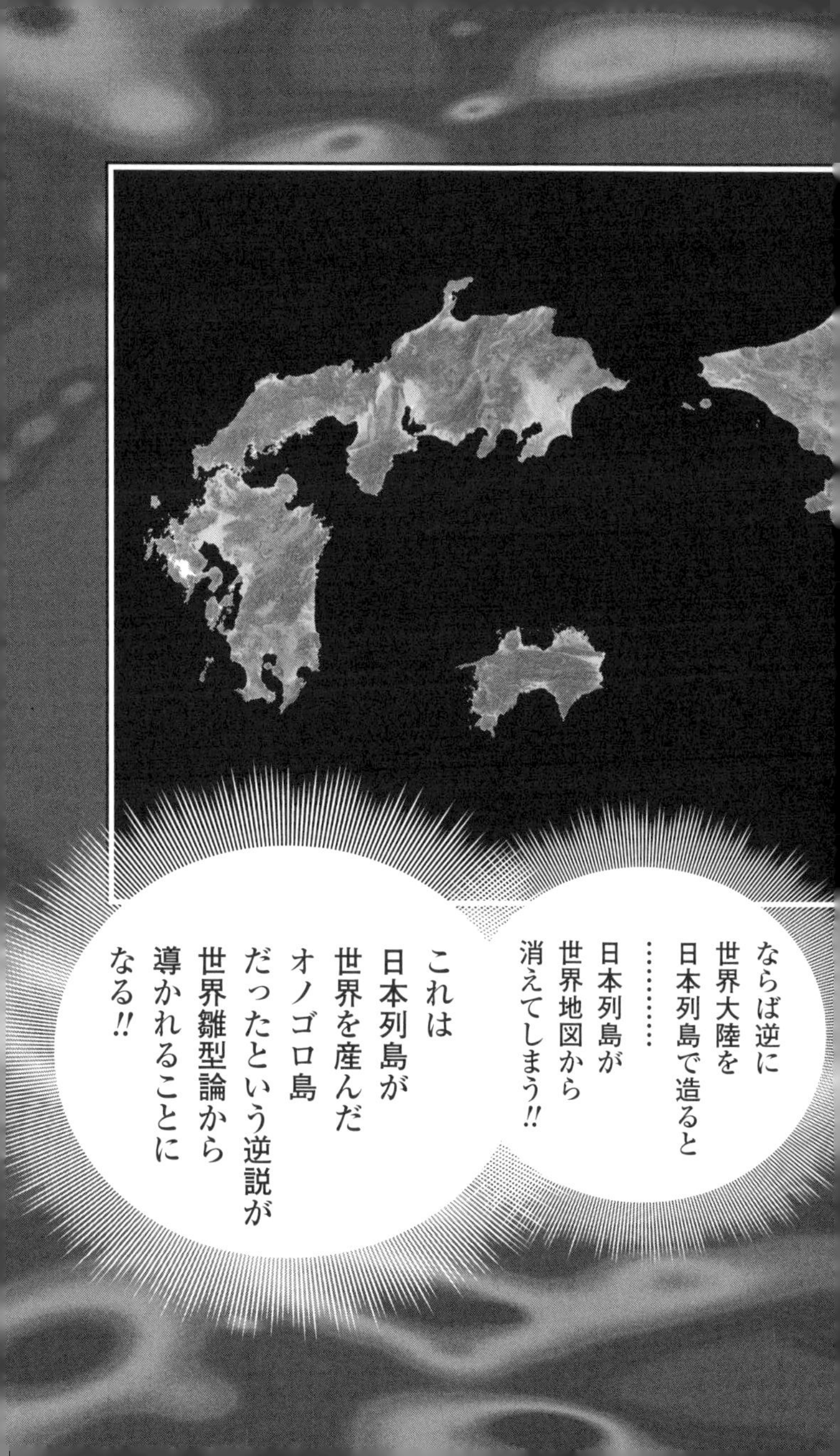
ならば逆に世界大陸を日本列島で造ると……日本列島が世界地図から消えてしまう!!
これは日本列島が世界を産んだオノゴロ島だったという逆説が世界雛型論から導かれることになる!!

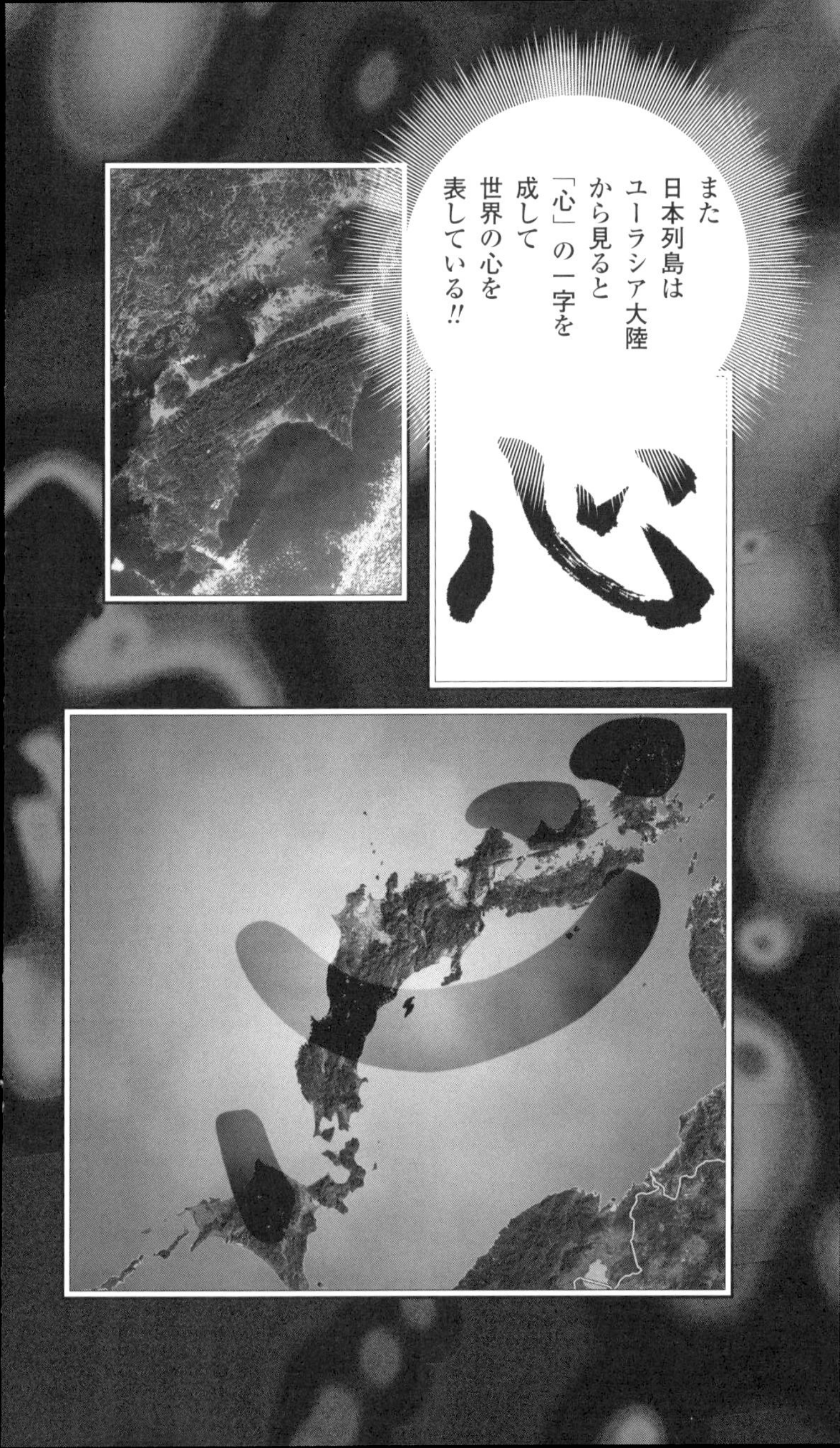
また日本列島はユーラシア大陸から見ると「心」の一字を成して世界の心を表している!!
心

その日本列島が地殻変動によりフォッサマグナ（中央地溝帯）から分離すると「必」の一字に示され四国も中央構造線により分離する!!
必

この「心」などの漢字は秦始皇帝が治めた秦の時代に甲骨文字から漢民族が編みだしたとされている！
しかし秦始皇帝が漢民族ではないと司馬遷は中国最古の歴史書『史記』で示唆している!!

秦始皇帝の名前「嬴政《えいせい》」の瀛は中国から見た東海に浮かぶ「嬴州（日本）」の意味で
秦始皇帝の同族で嬴の姓をもつ徐福が不死の象徴を日本に運び込む役目を担うことになる！

道教の方士だった
徐福は
先住民族に
婿入りして
物部氏の祖となり
古代神道を興して
やがてそこから
卑弥呼が出る!!

その後
同族である
秦人(秦氏)の王
神武天皇が
大陸から渡来し
大和朝廷が成立する!

↑マクモニーグル筆

漢字は
秦人で瀛州の
大和民族
となる秦族が
秦始皇帝の命令で
編み出した「聖書文字」で
「心」は
世界の中心の意味の
「心《しんの》御《み》柱《はしら》」を
象徴する!!

心御柱は男神のシンボルでもあり神道で柱は子宝を授ける男性器を示している！
御神木も鈴も榊も御幣も欄干の擬宝珠《ぎぼし》も男性神の存在を暗示している！

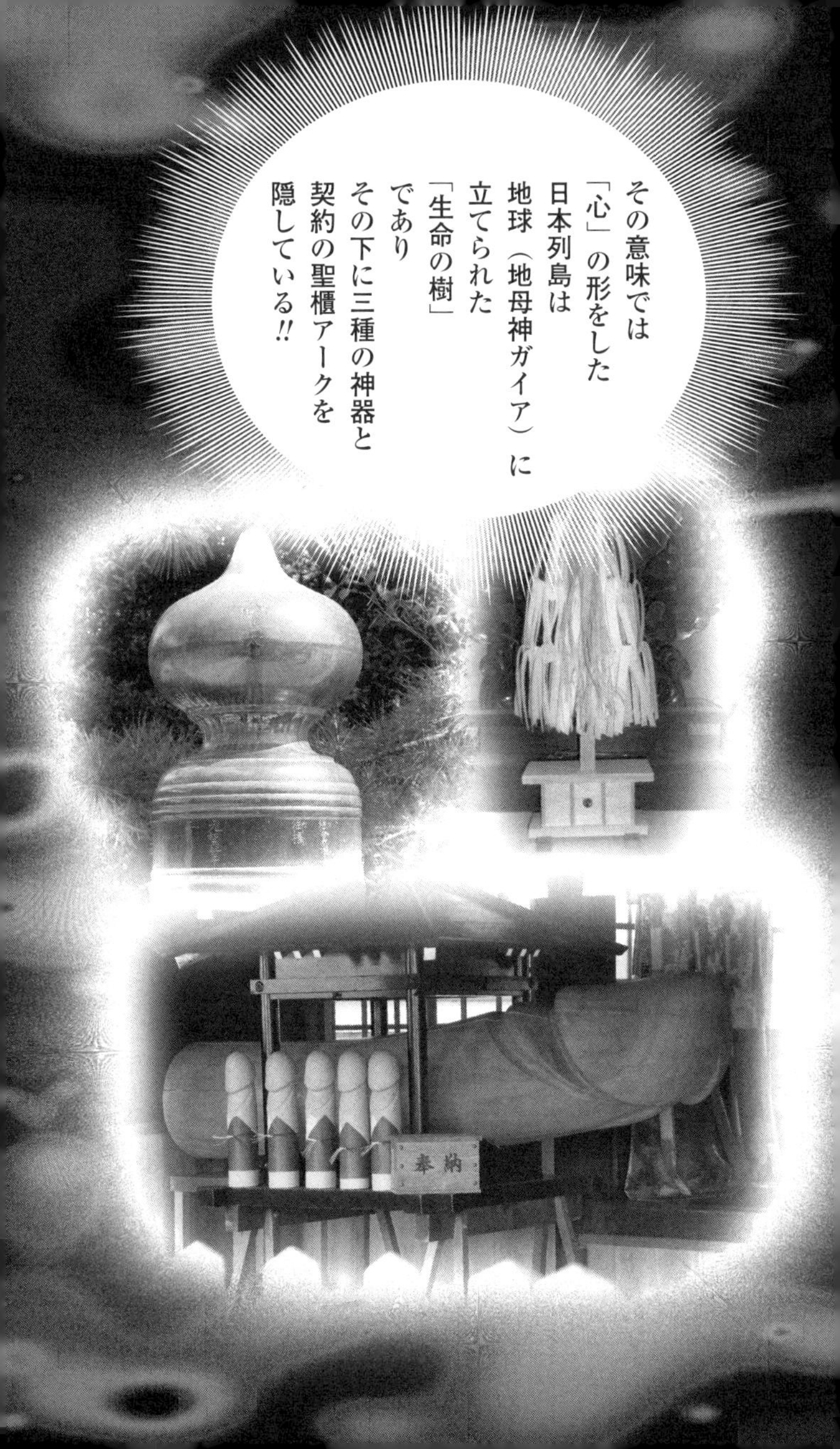
その意味では
「心」の形をした
日本列島は
地球（地母神ガイア）に
立てられた
「生命の樹」
であり
その下に三種の神器と
契約の聖櫃アークを
隠している!!
奉納

なるほど……それがYOUの日本に対する見識かね？
そして姿を隠したオノゴロ島の見解というわけか!!

はい！マスターそういうことになります！
しかしそんなYOUの説が認められる可能性は極めて低い!!なぜだかわかるかな？
おそらく体制側であぐらをかく学者たちの見識不足かと!!
NO!!
YOUの責任だ!!

えええ〜〜〜っ!!
だって先生は
今まで多くの
謎を解いてきたし
秘密も
明かしてきたヨ!!
ホエ〜
彼の名は
サイ九郎
私の
弟子である

ミスター・アスカ……
YOUは子供に守ってもらって
うれしいかね？

いえ！決して……それにサイ九郎は子供なりに私の過去の業績をいったまで……!!
セムメーソンの八咫烏はYOUを助け導いて答えに近づけていただけでけっして勝ったなどと勘違いするなよ!!

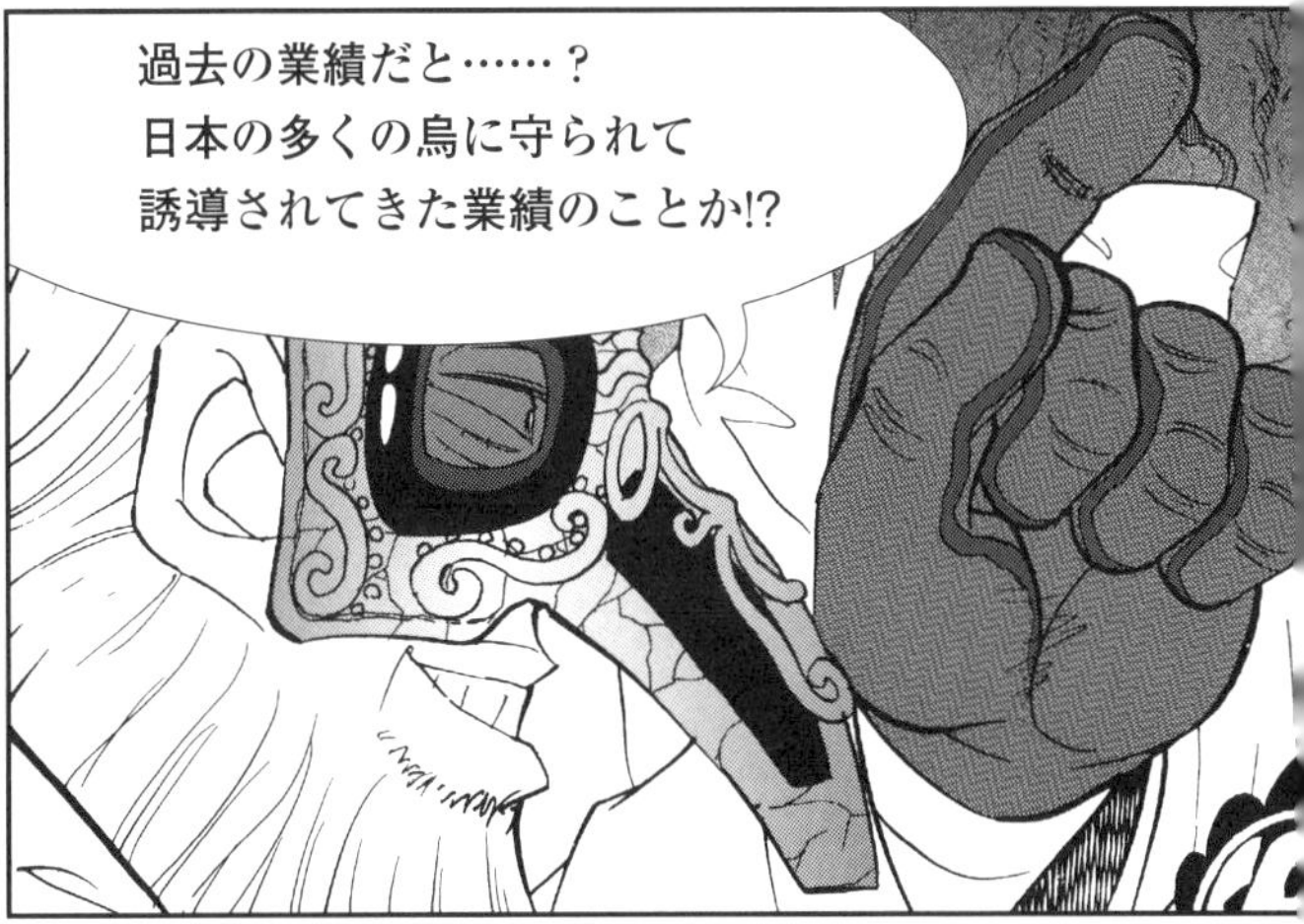
過去の業績だと……？
日本の多くの鳥に守られて
誘導されてきた業績のことか!?

YOU程度の人間は
ヤフェトメーソンには山ほどおるし
わが高弟の足元にも及ばぬわ!!

な……
……
よろしいでしょうか
マスター!!
私がしゃしゃり出ても？

お前にこの男を傷つけずに
導けるとはとても思えぬがな!!
あら…つれないお言葉ですこと!
しかし試す者は
今ここに私しかいませんことよ!!

では やってみるがいい!!
お前がこの男をヤフェトメーソンの
牙城へ連れてきた以上
お前の責任でやってみろ!!

せ…先生〰〰っ
…………
…………
YOU程度の知識で セムメーソンと ヤフェトメーソンの 橋渡しができるかしら？
YOUの知識には まだまだ深みが たりないのよ!!

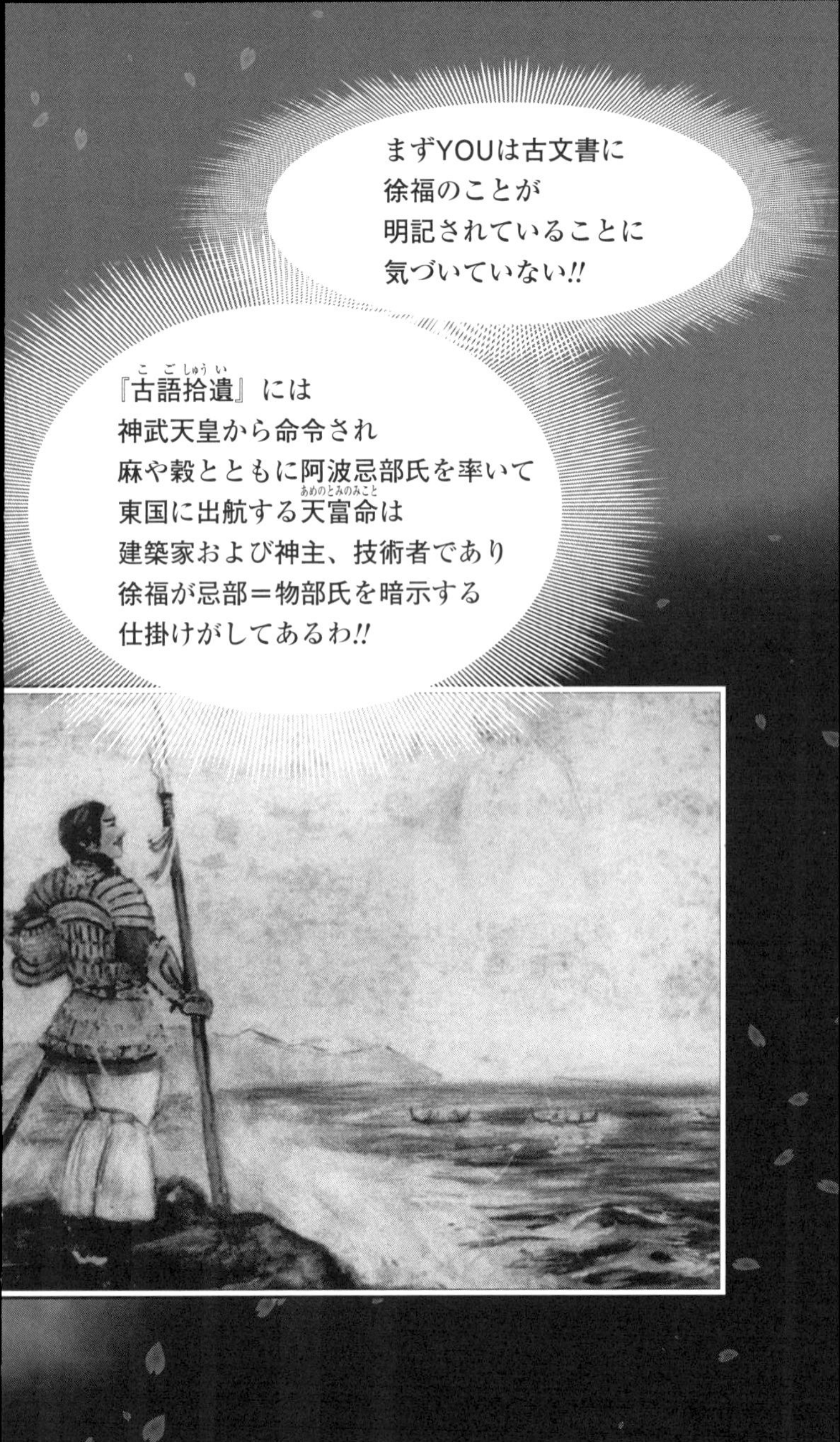
まずYOUは古文書に徐福のことが明記されていることに気づいていない!!
『古語拾遺《こごしゅうい》』には神武天皇から命令され麻や穀とともに阿波忌部氏を率いて東国に出航する天富命《あめのとみのみこと》は建築家および神主、技術者であり徐福が忌部＝物部氏を暗示する仕掛けがしてあるわ!!

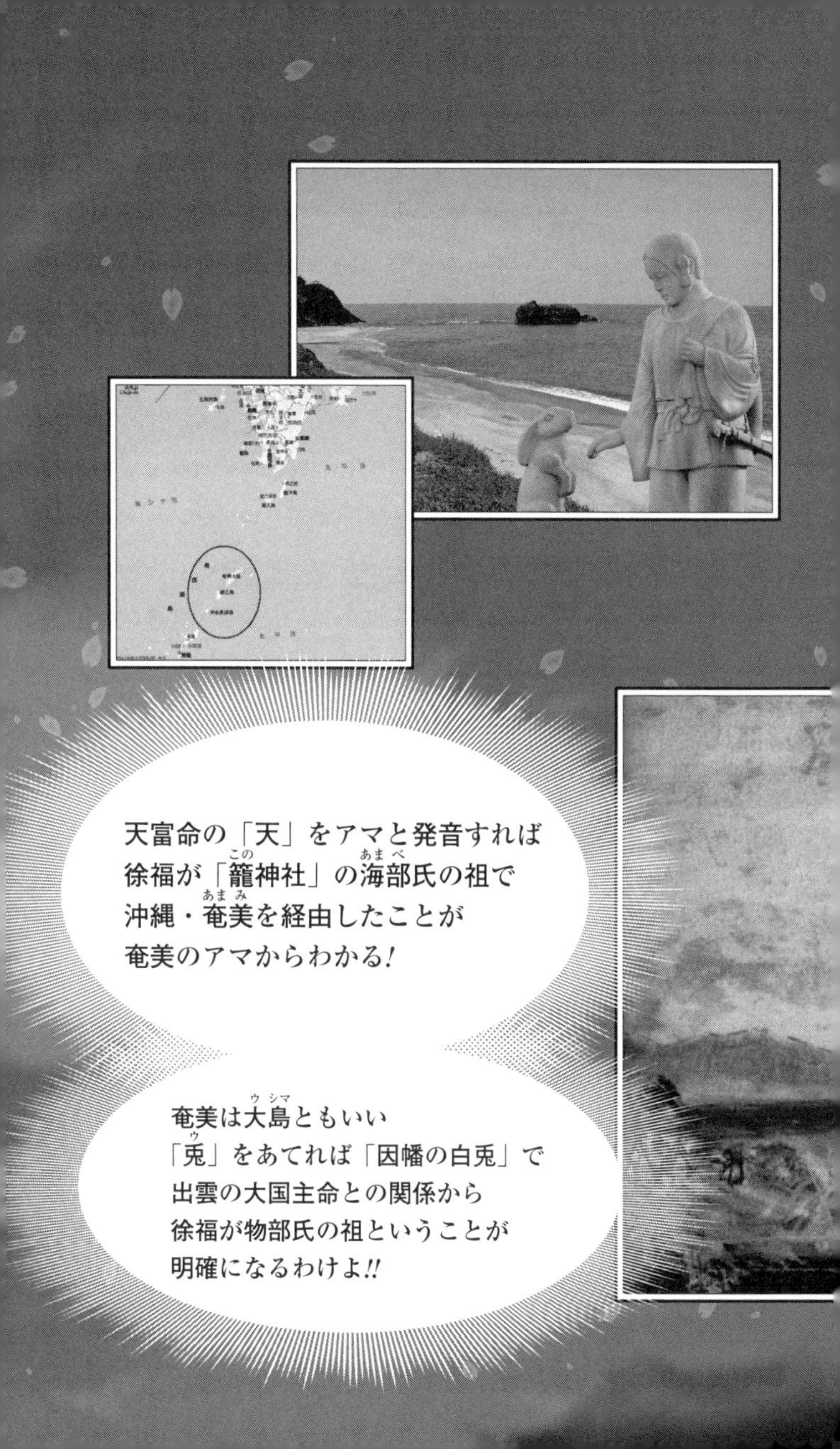
天富命の「天」をアマと発音すれば
徐福が「籠《この》神社」の海部《あまべ》氏の祖で
沖縄・奄美《あまみ》を経由したことが
奄美のアマからわかる!
奄美は大島《ウシマ》ともいい
「兎《ウ》」をあてれば「因幡の白兎」で
出雲の大国主命との関係から
徐福が物部氏の祖ということが
明確になるわけよ!!

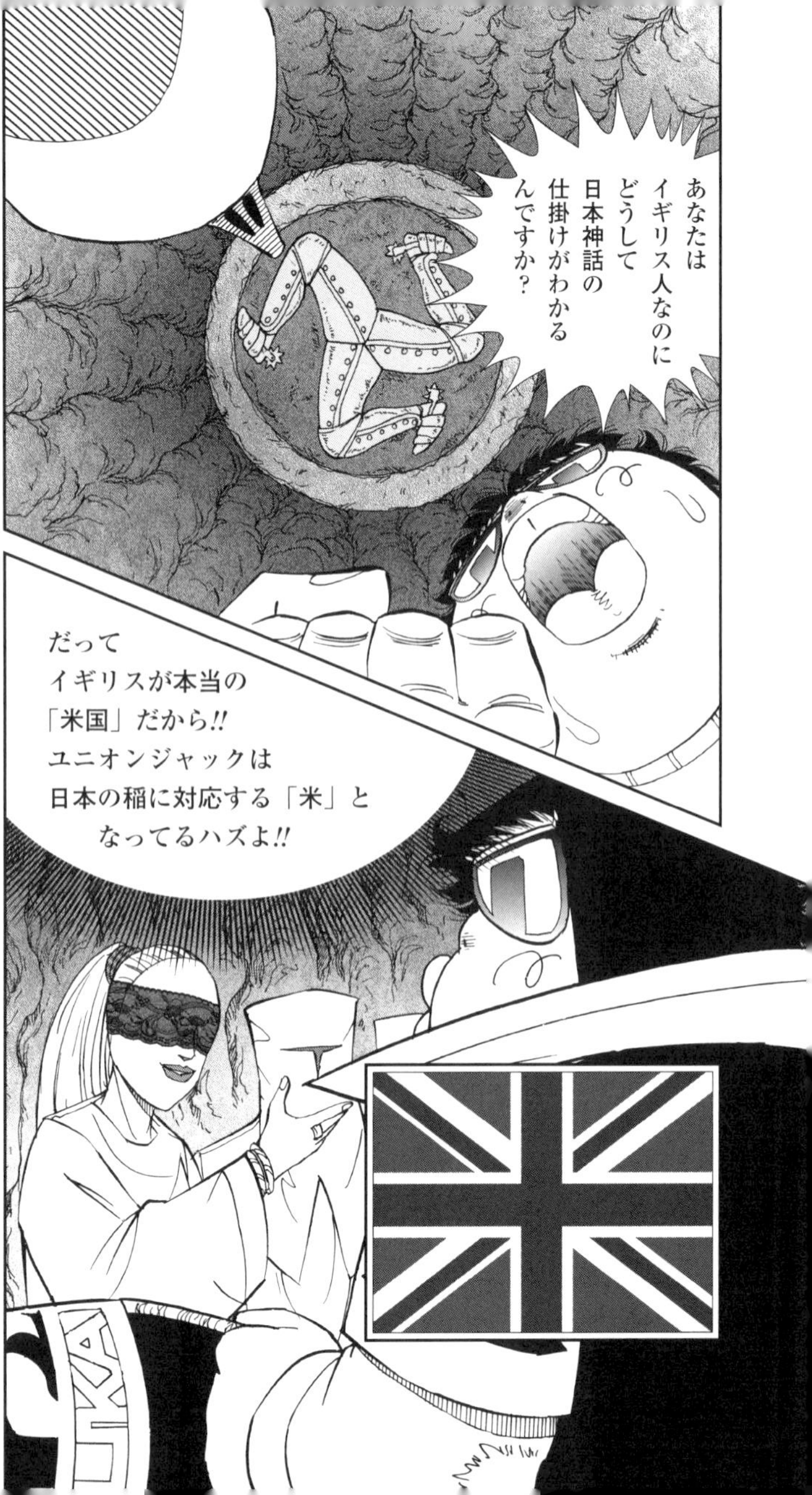
あなたはイギリス人なのにどうして日本神話の仕掛けがわかるんですか？
だってイギリスが本当の「米国」だから!! ユニオンジャックは日本の稲に対応する「米」となってるハズよ!!

エエエ〰ッ!!
じゃあ「米」の3次魔方陣がイギリスの国旗!?
2 9 4
7 5 3
6 1 8
＋字と×字がそれぞれ向き合う
定規とコンパスを像徴しており
国旗の日の丸が
定規とコンパスで描かれる!
日本以外は陰陽が反転して
中国の伏羲《ふつき》と女媧《じょか》のように
陰の偶数（女）がコンパスを持ち
陽の奇数（男）が曲尺を持つ
形になるわね!!

ヤフェトメーソンのひとり
ポティ・フェラは
古代エジプトの祭司となり
セムメーソンのヤコブの息子ヨセフと
娘のアセナトと結婚させたわ!!
やがてセムとヤフェトのハーフの
マナセとエフライムが生まれ
モーセの「出エジプト」の際に
新しいイスラエル12支族として
セムに養子縁組みされたのよ!!

だからセムメーソンの横には
必ずヤフェトメーソンもいて
猿田彦命として天狗の祖となり
日本建国にも協力したわ!!
平安時代に桓武天皇の命令で蝦夷《えみし》を討伐した
身長180センチ近い青い瞳と金髪の征夷大将軍
坂上田村麻呂《さかのうえのたむらまろ》も中国経由で渡来した
ヤフェトメーソンの子孫だった!!

救世主イエス・キリスト誕生のときも
失われたイスラエル10支族として
南朝ユダ王国の2支族とともに同席し
「乳香」「没薬」「ゴールドリキッド」を捧げて
樹宝の三木（三柱）と成した!

ヘブライ大学では黄金ではなく黄金の価値に匹敵するオイル「ゴールド・リキッド」だったと教えている。

「三人ノ木」の合体文字「秦」の
国家を秦始皇帝に建国させる協力も
セムメーソンと一緒にしたわ!!
QUOCUNQUE
JECERIS
STABIT
だからセムメーソンと
ヤフェトメーソンは
ともに八咫烏の三本足をもち
世界の救いに備えているのよ!!

じゃあ ハムメーソンも 三本足の鳥 なんでしょう？
だって ノアの３人の 息子のひとり なんだもん！
これだけは いえるでしょうね……

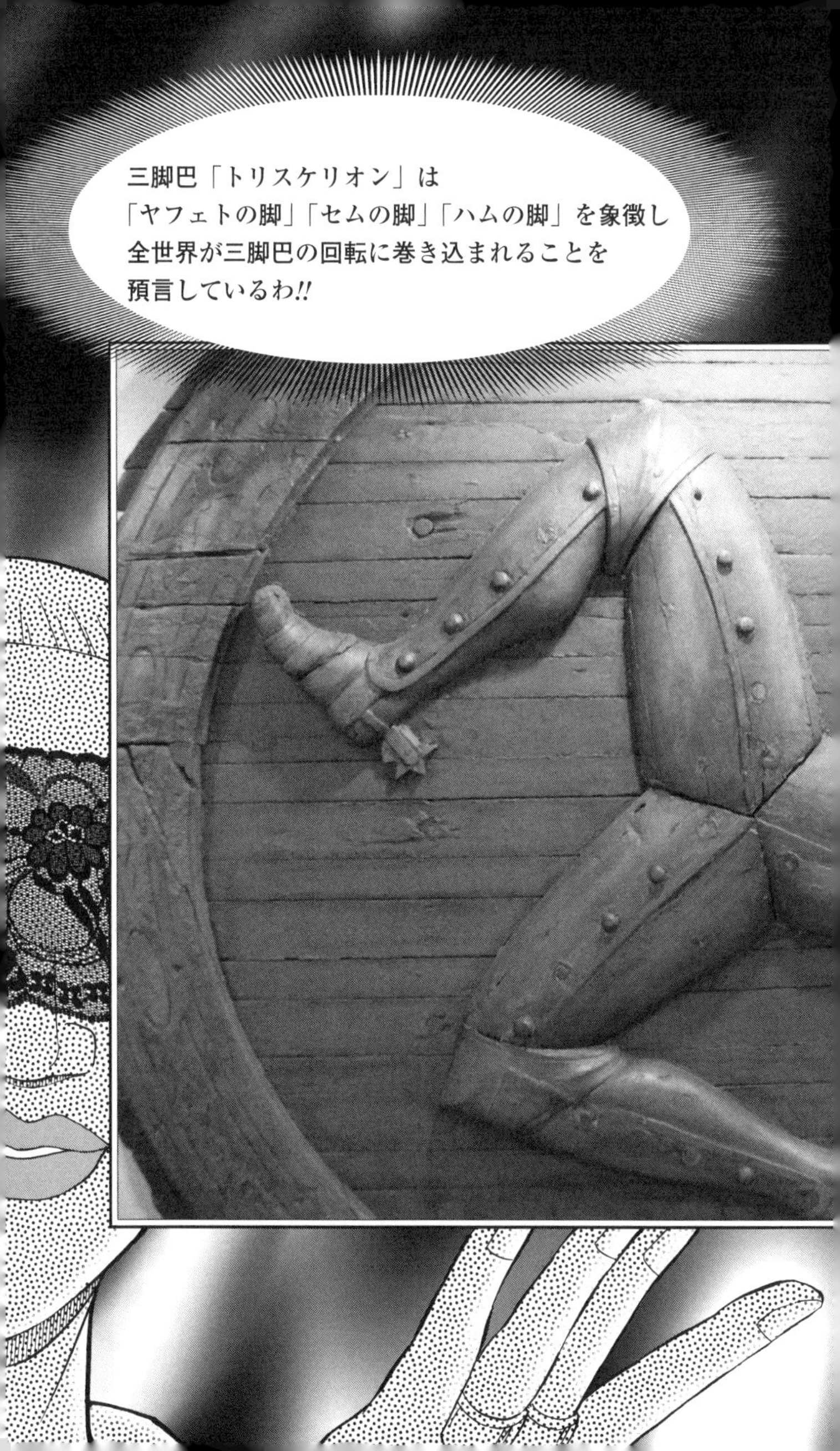
三脚巴「トリスケリオン」は
「ヤフェトの脚」「セムの脚」「ハムの脚」を象徴し
全世界が三脚巴の回転に巻き込まれることを
預言しているわ!!

だれがそこまで
語ってよいと許したか
バカ者め!!

マスター
も……申しわけございません!!
もういい!
席を外してここから出ていけ!!
客人たち
唐突だが
「アーサー王伝説」はご存じか？
イギリスの神話的大王の物語
だが……!!

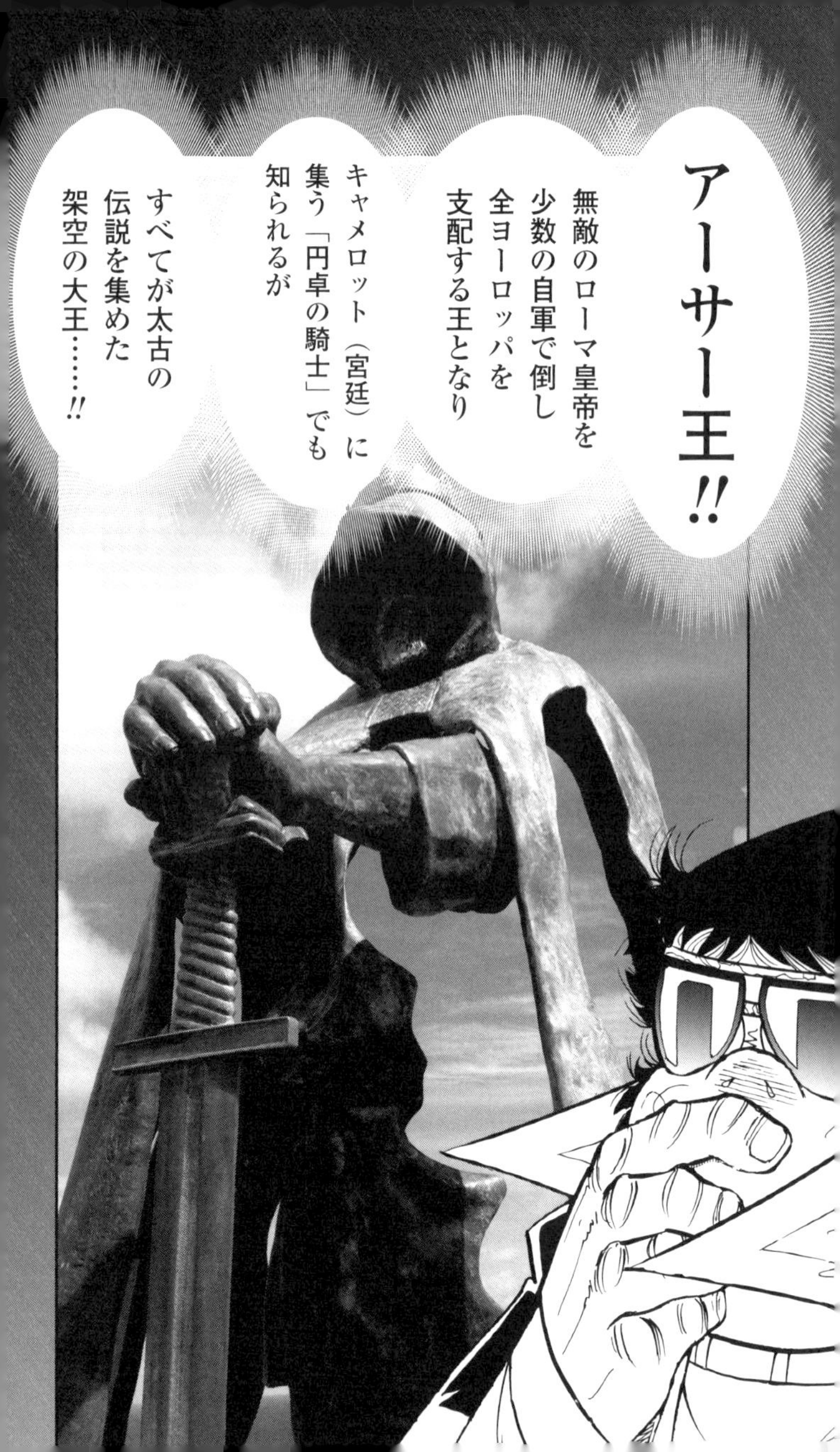

アーサー王!!
無敵のローマ皇帝を少数の自軍で倒し全ヨーロッパを支配する王となり
キャメロット（宮廷）に集う「円卓の騎士」でも知られるが
すべてが太古の伝説を集めた架空の大王……!!

マスター!
もう一度チャンスをくださいッ!!
失せろといったはずだ
聞こえなかったのかああ〰〰っ!!

アーサー王といえば
魔法の聖剣「エクスカリバー」は
呪詛された岩に突き刺っていた話と
湖の女神から授けられた話がある!!
もうひとつアーサー王には欠かせぬ
伝説に「聖杯」があるが
元はラテン語のcratalisの「壺」とされ
これらはすべてある物を象徴しておる!!

「聖剣」と「聖なる石」と「聖なる壺」!!
すなわちユダヤの三種の神器
「アロンの杖」「十戒石板」「マナの壺」
のことだ!!
異説ではエクスカリバーは
割ったふたつの岩に狭まっていたとされ
そこから水が溢れて湖になり
女神から得た話として知られるようになる!!

そういえばモーセが「アロンの杖」で岩を打つと
岩が割れてそこから水が溢れ出たと『旧約聖書』に記されている!!
となると聖剣「エクスカリバー」の正体は「アロンの杖」となる!!
「主はモーセに言われた。『イスラエルの長老数名を伴い、民の前を進め。また、ナイル川を打った杖を持って行くがよい。見よ、わたしはホレブの岩の上であなたの前に立つ。あなたはその岩を打て。そこから水が出て、民は飲むことができる』」（「出エジプト記」第17章5〜6節）

ひえええ〰〰っ!!
すると三種の神器はヤフェトメーソンのマン島にあるの!?

そうならよかったのだが……ノアの祝福でヤフェトは世界に広がりセムは天幕である幕屋の神殿の守護者となったゆえセムメーソンの王である天皇家が三種の神器を預かっておる!!
「また言った。『セムの神、主をたたえよ。カナンはセムの奴隷となれ。神がヤフェトの土地を広げ（ヤフェト）セムの天幕に住まわせ……』」（「創世記」第9章25〜27節）

なぜ私にそういうことを伝えるのですか？
それこそマスターが嫌う私に知識を伝えて助ける行為そのものでは？
このマスターであるアーサーがお前ごときを助けるだと？
そんな甘い寝言をいっておられるのも今のうちだ……!!
そのうちに今日という日を死ぬほど思い悩むことになる!!

セムメーソンとヤフェトメーソンが連合し
もうひとつのメーソンである
ハムメーソンと雌雄を決する時が来る!!
その人類最後の闘いを引き起こす
トリガー（引き金）をYOUが引く
ことになるからだ!!
えええええええ〜〜〜〜っ!!

そのためにもYOUに教えておく!!
アーサー王が闘いで深手を負い
最期を迎える地は「アヴァロン」といい
イエス・キリストがアリマタヤのヨセフと
ともに訪れたリンゴがなる島とされる!!

ところがアヴァロンはブリテンのどこかに
あるというだけでまったく姿を隠してしまった!!
つまりアヴァロン島はイギリスのオノゴロ島
そのものなのだ!!
それをYOUに見つけてもらうため
マン島へ呼んだのだ!!
見つけてもらわないと最終戦争となる
ハムメーソンとのハルマゲドンに
我々は敗北することになるからな!!

理屈が合わない……!
なんだってェ〜〜〜聞こえないぞ!!
まったく理屈が合わない!!
あなたはすでに答えを持っている!
なのにそれを私に今いわせても意味がない!
ならばYOUがトリガーを引く心配はないからいってみよ!!

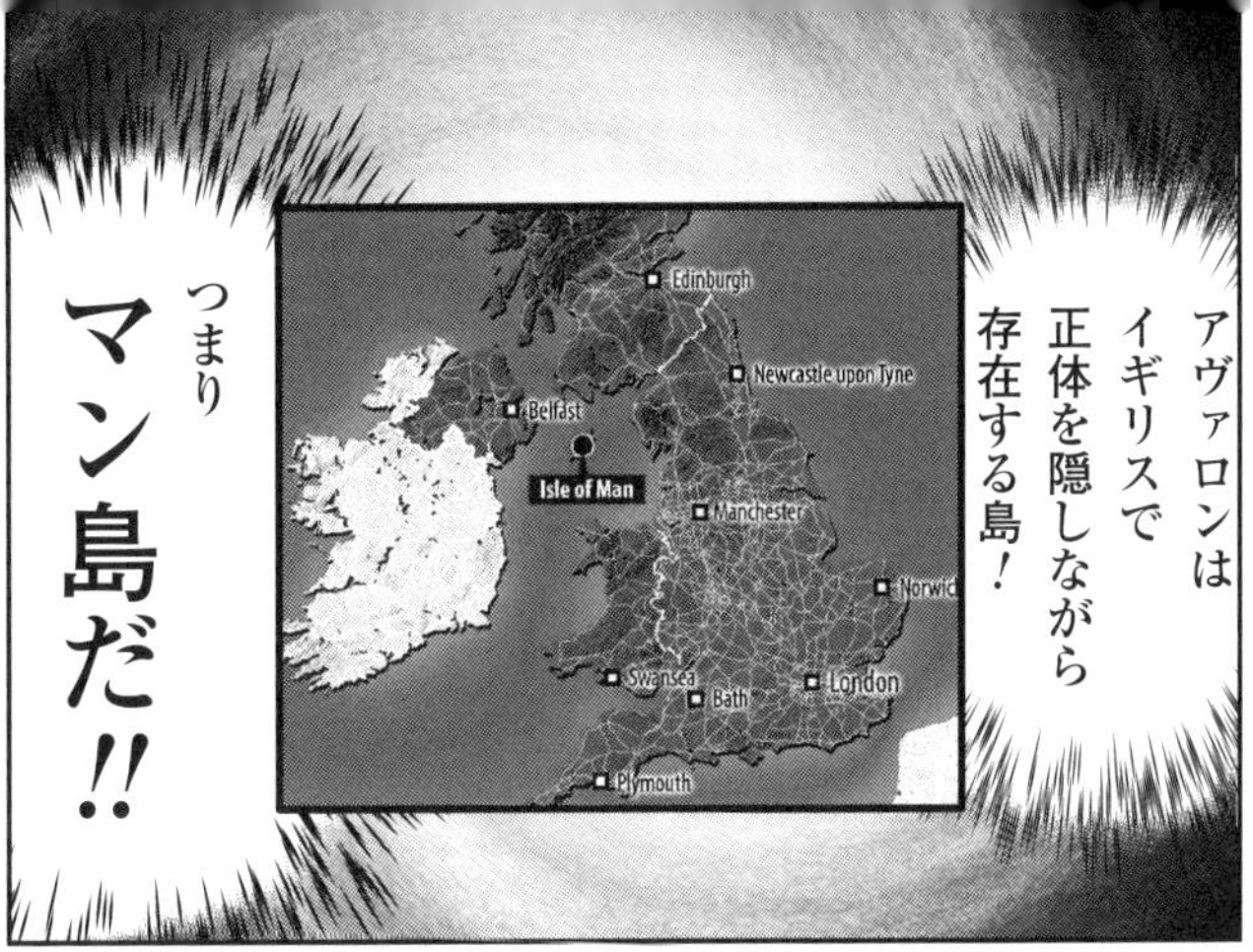
アヴァロンは
イギリスで
正体を隠しながら
存在する島！
Edinburgh
Newcastle upon Tyne
Belfast
Isle of Man
Manchester
Norwich
Swansea
Bath
London
Plymouth
つまり
マン島だ!!

しかり!!
では日本で姿を隠しながら
実在するオノゴロ島を見つけ出せ!!!
これが私のYOUへの
トリガーだ!!

せ……先生！マスターの罠に引っかかっちゃったね……

…………

これを罠ととるか新たな挑戦ととるかはあすか先生次第です！

アヴァロンに存在するという黄金に輝くリンゴの樹はマン島には存在しない！

むしろイングランド南西部がリンゴ園の中心地だが
ひとつ気になるのは「Apple-tree Man」というマン島の一字をもつリンゴの精霊の存在である!!

イギリス王室は自らをダビデ王の直系であると自負している。だが、現在のウィンザー朝はドイツ系であり、かつアングロサクソンと戦ったアーサー王の血統ではない!

日本の伝説の島オノゴロ島を発見したら、本当に3大メーソンの最終戦争が起きてしまうのか不明だが、見つかることがあらかじめ決まっているのなら従うしかない!!

第3章 ヤフェトメーソンの奥の院マン島とヘブルメーソンの秘密組織八咫烏

トリスケリオン

新型コロナウイルスの影響で延期になった東京オリンピック2020は翌年のコロナ禍で強制的に開催された。状況から無観客での強行開催にも見えたが、2021年を遡ること2年ほど前。だれもがコロナ禍を予想だにしていなかった2019年のNHK大河ドラマは『いだてん～東京オリムピック噺～』だった。前回の東京オリンピックをテーマにして機運を盛り上げようという意図で企画された番組だが、視聴率は別にして、ちょっと意外なことで話題になっていたことを覚えているだろうか。

そう、「ちょっと気持ち悪い」である。何が、そう思わせるのか。もちろん、ドラマの内容ではない。問題はオープニングである。オープニングのタイトル回りのアニメーションが、ちょっとキモイのだ。というのも、「いだてん」という文字の上に、何やらピンク色をした風車のようなモノが回っている。よく見ると、それは足だ。人の足が3本合体して、くるくる回っている。奇怪な三本足は4つの文字に、それぞれ重なって動いている。確かに、これはだれが見ても気持ちがいいものではない。

足が回転しているのは、ドラマの主人公がマラソンランナーだというから、およそ意図は察しがつく。ギャグ漫画で走っている動作を表現するのに、足を回転させて描くことは、よくあることだ。ちなみにデザインは横尾忠則氏が手がけた。

しかし、なぜ三本足なのか。実はこれ、非常に伝統的な意匠なのである。古代ヨーロッパから現代にまで伝わる神秘的なシンボルのひとつで、「三脚巴《さんきゃくともえ》：トリスケリオン」と呼ばれている。文字通り、三本足の巴紋である。図柄としては、インドや日本でいう「卍」の一種である。

⬆『いだてん』のDVD。「いだてん」の文字に三本足の図柄が重なっている。

卍は四本腕であるが、トリスケリオンは三本腕ならぬ三本足なのだ。ちなみに、卍は「テトラスケリオン」と呼ぶ。

古来、卍は太陽を表してきたように、トリスケリオンもまた、太陽を模したものであると考えられている。三本足は太陽光線を表現したもので、デザインによって渦巻状に描かれることもある。

発祥は地中海であると推測さ

れている。古くはミケーネ文明の遺跡に見られ、そこからブリュターニュ地方、さらに海を越えてイギリスのケルト人の巨石遺構にも描かれるようになる。古代ギリシアでは神々の顔とともに、コインにトリスケリオンが描かれることも少なくなかった。

しかし、考えてみると、実に奇妙である。太陽光線を表現するだけなら直線や曲線だけでいいものを、なぜ足で表現したのか。もちろん、ここには深いわけがある。3本の足とは、3本の柱のこと。つまり、三本柱の「生命の樹」を表現しているのだ。

となれば、そう、カッバーラだ。カッバーラを手にした預言者が関係している。古代のヨーロッパにフリーメーソンが存在した。いうまでもなく、ヤフェトメーソンである。トリスケリオンはヤフェトメーソンのシンボルだといっていい。

近代フリーメーソンはイギリスにおいて誕生した。イギリス諸島において、石工の組合が友愛結社へと昇華した。背景にあるのはヤフェトメーソンである。すでにイギリスにはヤフェトメーソンがいた。もちろん、この世の初めからイギリスにいたわけではない。彼らは大陸からやってきた。

いわば、トリスケリオンはヤフェトメーソンの足跡だといっていい。遺跡に残されたトリスケリオンをたどることにより、ヤフェトメーソンの歴史が見えてくる。のみならず、現在も、彼らは厳然として存在する。近代フリーメーソンの奥の院として、ある島に姿を隠しながら、とてつもない影響力を保っているのだ。

シチリアとマルタ騎士団

ヨーロッパにあってトリスケリオンは特別なシンボルである。キリスト教以前、カトリックからいわせれば異教＝ペイガニズムの象徴だ。キリスト教に抵抗した先住民のスローガンに、しばしば掲げられる。ローマカトリックのおひざ元、イタリアには、ご存じのように非合法組織マフィアがある。映画『ゴッドファーザー』でもおなじみのマフィア、コーザ・ノストラやシカゴ・アウトフィットは、アメリカの裏社会で暗躍し、数々の事件を起こしてきたことは、よく知られる。

イタリアンマフィアの本拠地はシチリア島である。島の名からシシリーマフィアという言葉があるくらいだ。イタリア半島の南部に位置するシチリア島は現在、イタリアの特別自治州になっている。興味深いことに、シチリア自治州の紋章にトリスケリオンがあしらわれているのだ。

ご覧になっていただくとおわかりのように、中央にトリスケリオンがある。しかも、トリスケリオンの中心には女性の顔がある。地元では、これを「トリナクリア」と呼んでいる。ギリシア語で三本足という意味なのだとか。顔の主はギリシア神話で有名なメデューサ。姿を見た

⬆三本足の巴紋＝トリスケリオンがあしらわれているシチリア自治州の州旗。

者を石に変えてしまう恐ろしい女神ゴーゴン三姉妹のひとりである。髪の毛が蛇なのだが、ここでは麦穂として描かれている。豊穣の女神という位置づけなのだろう。地元の人々にとって、神話で悪魔とされる女神も、豊穣をもたらす大地母神という位置づけなのだ。

このほか、トリスケリオンは三角形をしたシチリア島の3つの岬を象徴するとか、温かい気候ゆえ、四季のうち冬がないという意味で、三季を象徴しているともいう。いずれも後付けではあるが、島国ゆえ、さまざまな民族に蹂躙《じゅうりん》された歴史が背景にある。権威には屈しないというたくましい先住民の根性がトリスケリオンには込められているのだろう。

興味深いことに、シチリア島には、さまざまな民族がやってきた。エトルリア人やローマ人、ギリシア人もさることながら、カルタゴ人もいた。カルタゴ人はフェニキア系である。近代フリーメーソンの伝説に登場するヒラム・アビフと同族である。歴史的には、ポエニ戦争によって、古代ローマ帝国に滅ぼされるカルタゴがシチリア島にも勢力を伸ばしてきたことは歴史的事実である。

フリーメーソンが陰謀組織として指弾される理由のひとつにP2事件がある。イタリアのフリーメーソンのロッジ「P2：プロパガンダ2」を中心とする組織的経済事件だ。関係者はイタリア政府や金融資本家、はてはヴァチカンにまで捜査の手が及んだ。結果、ロッジP2はフリーメーソンから破門されることになるのだが、その背景にはマフィアの存在があった。映画『ゴッドファーザーPARTⅢ』でも、この事件をモチーフにしている。

フリーメーソンにとっては黒歴史といったところだが、ここにシシリーマフィアがからんでいることは事実である。組織的な犯罪といえば、もちろん、それまでだ。が、アンシャンレジームの権威であるヴァチカンの存在を認めない存在がいたことも事実だ。真相は闇の中だが、トリスケリオンを掲げるには、それなりの覚悟がいる。

とかく呪術的組織の本拠は島にある。大陸から列島や諸島、さらには、もっと小さな島に、もっとも重要な神殿を築く。ヨーロッパからすれば、イタリア半島にカトリックの総本山ヴァチカンがあり、その先にシチリア島がある。紋章にトリスケリオンを掲げていることでもわか

⬆胸に十字の紋章のある衣装を着たマルタ騎士団員。

るように、ここはヤフェトメーソンの拠点だ。

が、さらに、もうひとつ。シチリア島の南に、もうひとつ小さな島がある。マルタ島である。マルタ島の歴史は古い。島にある巨石遺構は今から1万2000年前に遡るという研究もある。ヨーロッパ最古の巨石遺跡ということで、フリーメーソンの間でも注目されている神秘の島である。

マルタ島を長らく拠点としていたのはフェニキア人である。ヒラム・アビフの同族が支配していた。現在、ここにはフリーメーソンの組織がある。なかでも有名なのが「マルタ騎士団国」である。マルタ島自体はマルタ共和国だが、それとは独立し、領土をもたない国としてマルタ騎士団国がある。騎士団と称すように、十字軍のテンプル騎士団と同様の修道会として現代にまで続いている。

マルタ騎士団にも位階がある。フリーメーソンのブルーロッジと同様、3階級がある。具体的に、「名誉や慈悲の献身、主の恩寵の騎士」、それに続く「忠誠の騎士」、「正義の騎士」と続く。いうまでもないが、源流はヤフェトメーソンである。

マルタ騎士団の紋章は十字である。上下左右対象で、かつ末広がりの十字形を象徴としている。図形的にはテンプル騎士団の十字と構造的に同じである。一説に、これを継承したのがスイスの国旗であるともいう。

ここで覚えておいていただきたいのがシチリア島とマルタ島の関係だ。シチリア島の紋章はトリスケリオンであり、マルタ島の国旗は十字である。図形的に3と4の対応になっている。偶然ではない。これはカッバーラである。両者は陰陽表裏一体の関係になっているのである。

ヤフェトメーソンの奥の院「マン島」

シチリアと並んでトリスケリオンを国旗に描いているのが「マン島」である。イギリス諸島のひとつで、アイリッシュ海の中央に位置する。イギリス領ではあるが、イギリス王家直轄の領地で、特別な自治が認められている。イギリスの正式名称は「グレートブリテン及び北部アイルランド連合王国」である。このなかにマン島は入っていない。また、オーストラリアやニ

⬆トリスケリオンがあしらわれた銀貨。

ユージーランド、マレーシアなどのイギリス連邦にも所属していない。支配権はイギリスの元首、すなわちエリザベス2世がもっている。

ご多分に漏れず、マン島はタックスヘイブンである。世界中の富裕層が税金を逃れるために、莫大な資金を置いている。世界中の王家はもちろん、大富豪ロスチャイルド家やロックフェラー家も、天文学的な資産をここに隠している。

表の歴史では、もともとケルト人が住んでおり、アイルランドからの入植者がやってきた。8世紀にはヴァイキングが定住するが、ノルウェーの支配は長くは続かず、以後、スコットランドとイングランドが領有権を争い、最終的にイギリス王家の統治下に入る。

現在ではモトクロスレースが行われることで世界的に知られるようになったが、もともと非常に閉鎖的な島で、本当の歴史は不明なことが多い。トリスケリオンの意匠はノルウェー王マグヌス3世の紋章に由来するという。

しかし、小さな島だからこそ、大きな秘密が隠されている。マン島は、ずばりヤフェトメーソンの奥の院である。近代フリーメーソンはもちろんのこと、ヤフェトメーソンの頂点に君臨するのがマン島の秘密組織「マンメーソン」である。ここにはヤフェトメーソンを一手に握るグランドマスターが君臨している。

近代フリーメーソンが友愛団体として発足できたのは、マン島のヤフェトメーソンがいたからである。もともと中世ヨーロッパに多数あった石工組合のうち、なぜイギリス諸島においてのみ、友愛団体に昇華したのか。その理由は、マンメーソンがバックアップして組織したからである。

テンプル騎士団の残党がイギリス諸島に逃れてきたのも、彼らはヤフェトメーソンのつてを頼ってきたのである。いわば、マンメーソンが手引きして、招き入れたのである。テンプル騎士団が手にした失われた聖典や財宝は、みなマンメーソンの手に渡り、その後、近代フリーメーソンの教義に重要な影響を与えたのである。

ヤフェトメーソンの歴史

ノアの大洪水以後、ノアの家族はしばらくはいっしょに住んでいた。人数が増えてくると、アルメニア地方からメソポタミア地方へと人々は広がっていく。かの地でニムロドはバベルの塔を建設している。バベルの塔の建設は神の怒りを買い、言語を乱されて、人々は世界中に散っていく。ヤフェトメーソンは主に二手に分かれた。ひとつは東へと移動し、ペルシアとインドに至り、もうひとつは西へと移動し、ヨーロッパに広がった。人類学的にいうアーリア人の大移動である。言語学的にはインド・ヨーロッパ語族だ。

ヤフェトメーソンの特徴は哲学にある。学問的に哲学の発祥地はギリシアとインドだけだが、いずれもヤフェトの子孫による。しばしばフリーメーソンの祖とも呼ばれる数学者ピタゴラスは秘教的教団を従えていたが、これなどもヤフェトメーソンの流れを汲む組織であることはいうまでもない。ソクラテスからプラトン、アリストテレス、そしてアレキサンダー大王に至るまで、そこにはヤフェトメーソンの存在があった。

インドにおいてはウパニシャッド哲学や六派哲学、すなわちミーマーンサー、ヴェーダーンタ、サーンキヤ、ヨーガ、ニヤーヤ、ヴァイシェーシカ派が知られる。宗教でいえば、ここからバラモン教やヒンドゥー教、仏教、ジャイナ教が誕生する。とくに神秘主義において、その底流にあるのはカッバーラである。

典型的なのはヨーガだ。ヨーガでは、人体には肉体のほかに微細体があると説く。微細体は脊椎に沿ってスシュムナーとその左にイダー、そして右にピンガラーという管がらせん状に並んでいる。3つの管の交差する部分には7つのチャクラと呼ばれる輪がある。尾てい骨にあるムラダーラチャクラにある蛇クンダリーニが目覚めると、エネルギーが上昇し、次々とチャク

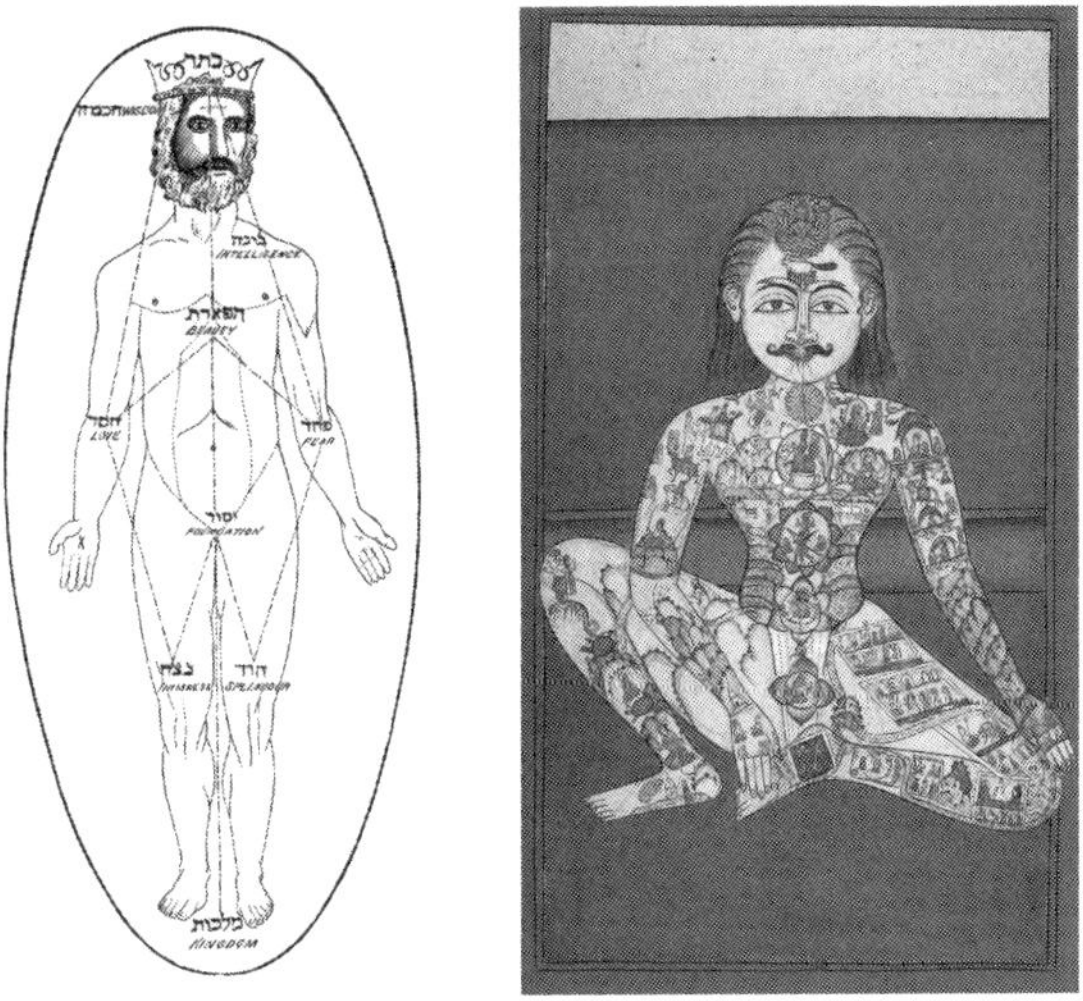

⬆（右）チャクラが描かれたヨーガ行者の図。頭頂から尾てい骨まで7つのチャクラがある。（左）「生命の樹」を人体に見立てた「アダムカドモン」。左右対称のセフィロトをひとつに合体させると、チャクラに対応する。

ラが開いていく。最終的に天頂のサハスラーラチャクラが開くと、三昧《さんまい》の境地に至るという。

　これはカッバーラでいう「アダムカドモン」である。「生命の樹」を人体に見立てたアダムカドモンには、人体の臓器や器官に11個のセフィロトが配置される。このうち、足の裏に位置するセフィロトを除くと、全部で10個。さらに、右脳と左脳など左右対称の部位をひとつに統合すると、最終的にセフィロトは7個になる。これがチャクラである。

　外見からすると、まったく違う存在のように見えるが、その本質は同じである。カッバーラの絶対三神は

⬆ゾロアスター教の最高神であるアフラ・マズダー。

ヒンドゥー教においては、御父：ブラフマーと御子：ヴィシュヌと聖霊シヴァに対応する。これら3人の神は宇宙の創造と維持と破壊を司り、「三神一体：トリムルティ」を形成する。

興味深いことに、同じ民族でありながら、インドとペルシアでは神話に登場する神々と悪魔の立ち位置が真逆になっている。まるで、カッバーラの鏡像反転を民族をもって表現しているかのようである。たとえば、インドでいう悪魔アスラはペルシアではアフラ・マズダーという光の絶対神で、同様に善神デーヴァは悪魔ダエーワとなる。

宗教も、しかり。インドでいう聖典『ヴェーダ』に対応するのが正典『アヴェスタ』だ。ここから派生したのがゾロアスター教である。光の善神アフラ・マズダーと闇の悪神アーリマンによる徹底した二元論はカッバーラにおける陰陽思想が起源である。絶対三神でいえば、「御

「父：アフラ・マズダー」と「御子：ミスラ」と「聖霊：フラワシ」、そして「堕天使《だてんし》ルシファー：アーリマン」である。

黙示録では、傲慢となった堕天使ルシファーが絶対神に戦いを挑むが、ゾロアスター教でも、まったく同じ。アーリマンがアフラ・マズダーに戦いを挑むも敗れて、地獄へと落とされる。

また、アフラ・マズダーの息子であるミスラはインドではミトラ、仏教では弥勒菩薩《みろくぼさつ》と呼ばれるが、イエス・キリストと同様、世の救い主という性格を有する。古代ローマ帝国にあって

⬆（上）牡牛を屠《ほふ》るミトラス。（下）ミトスラ教の７つの位階を表したモザイク画。

は、ミスラはミトラスと呼ばれ、独自の宗教を生む。ミトラス教の教義があまりにもキリスト教とそっくりなため、悪魔が似せて作った宗教だと弾圧されたこともある。ちなみに、イエス・キリストの誕生日として知られる12月25日のクリスマスは、もともと太陽神ミトラスの再生を祝う密儀である。

ミトラス教では地下で牡牛を屠《ほふ》る密儀を行う。密儀ゆえ、教団は秘密結社の性格を有する。事実、7つの位階から成る組織になっており、昇級する際には、必ず儀式が執り行われる。それぞれの位階は「大鳥」「花嫁」「兵士」「獅子」「ペルシア人」「太陽の使者」「父」という名称で、近代フリーメーソンと構造的にまったく同じである。もちろん、その理由は源流がヤフェトメーソンにあるからだ。

ヤフェトメーソンとレイライン

コーカサス地方からヨーロッパに広がったヤフェトメーソンたちは、主に自然石を用いた巨石遺構メガリスを建造していく。メンヒルやアリニュマン、ドルメン、そしてストーンサークルである。なかでもストーンヘンジはヤフェトメーソンの歴史的な建造物であるといっていいだろう。

しばしば、古い先史時代の遺跡の上には古いキリスト教の教会があり、きまって守護聖人と

⬆イギリスにあるストーンヘンジはヤフェトメーソンの歴史的な建造物である。

して聖ミカエルがいる。大天使ミカエルはサタンの化身である黙示録の赤龍を退治したことで知られる。キリスト教において、石器時代の祭祀施設は異教の産物であり、サタンの殿堂にほかならない。信仰の名のもとに、古い祭祀遺跡は破壊され、そこに大天使ミカエルが祀られるようになった。聖ミカエル教会は、ほぼ例外なく先史時代の遺跡の上に建っているといっても過言ではない。

東洋において龍は、しばしば大地の気脈の象徴とされた。人体に気の流れがあるように、大地にも気が流れており、これを龍脈と称した。奇しくも、ヨーロッパで悪魔の龍とされた異教の神々を祀っていた巨石遺構は、ある一定の規則に則った形で配置されている。あたかも、気脈に沿って建てられたかのように、メガリスや

⬆イギリスのグラストンベリー・トーに建つ聖ミカエル教会。グラストンベリーはセントマイケルライン上に位置している。

マウンド、泉、そして祭祀施設が直線状に並んでいる。世にいう「レイライン」である。

大地の気脈やレイラインを見ることは、フリーメーソンにとって非常に重要な仕事のひとつである。建物を造るにあたって、まず何よりも大切なのは土地である。いかなる地質と環境にあるのか。住居や神殿を建設するのに適した土地なのか。目に見える環境のみならず、見えない大地のエネルギーを感じることができなければ、理想的な建造物を実現することは不可能である。

ある意味、それは特殊な能力である。超能力といってもいいだろう。現在でも、フリーメーソンが超能力者や霊能者を欲するのは、こうした背景もあるのだ。古代のヤフェトメーソンたちも、特殊な能力で大地のエネルギーを感じ取り、人体でいえばツボのような場所に巨石を配していったのだ。

西ヨーロッパのレイラインには、先述したように、聖ミカエルゆかりの教会が建っていることが多い。なかにはセントマイケルラインと呼ばれるレイラインもある。興味深いことに、こうしたレイラインは大陸から海を越えてイギリス諸島にまで伸びている。あたかも、本当の聖地は島にあるかのように、何かを示しているのだ。

聖杯伝説とアーサー王

歴史的にイギリスを最初に支配したのは11世紀、フランスのノルマン地方の領主ウイリアムである。ノルマン公ウィリアムがイングランドを征服し、その後、ウェールズとスコットランドを徐々に支配下に置いていく。王家はスチュアート朝からハノーバー朝、現在のウィンザー朝へと続き、北部アイルランドを含めた連合王国を形成する。大英帝国時代にあっては、世界中に領地を広げ、現在でもイギリス連邦として影響力をもつ。

10世紀以前のイギリスの歴史は未解明な部分が多く、文献資料に残る伝承も、多くは神話伝説の域を出ない。いわば中世の騎士物語として、一種のファンタジーのように扱われることも少なくない。なかでも騎士物語の主人公にして、最初のイギリス王として有名なのが「アーサー王」である。

およそ6世紀ごろ、イギリスが大陸のサクソン人から侵略を受けた際、先住民であるケルト人、ブリトン人とともに立ち上がったのがアーサー王である。騎士の理想像とも評されるアーサー王は勇敢に戦って、サクソン人を撃破。ついにはイギリス王国を築いたとされる。

アーサー王には仲間がいた。「円卓の騎士」である。円卓の騎士は全部で12人。アーサー王を含めて13人が円卓の座についた。おわかりのように、これはイエス・キリストと12使徒たちである。アーサー王物語には多分にキリスト教の影響がある。なかには、イエス・キリストの血を受け止めた杯にして、最後の晩餐に使用された「聖杯」を捜し求めるストーリーもある。すべてはキリスト教文学であるといえばそれまでだが、実は神話伝説にこそ真実が隠されているのだ。

アーサー伝説は一種の寓話である。大切なのは、そこにあるモチーフである。アーサー王と円卓の騎士は、ヤフェトメーソンの中枢のことである。グランドマスターと12人のマスターメーソンが控えている。イエス12使徒と同じ組織があったのだ。いや、今でも存在するといってもいいだろう。

アーサー王は最後、アヴァロン島へ赴き、そこで帰らぬ人となる。アヴァロン島とは、いったいどこか。現実には存在しないフィクションだといわれるが、さにあらず。正体はマン島である。アーサー王が帰還したアヴァロン島こそマン島であり、ここに円卓の騎士に象徴されたマンメーソンが存在する。

⬅イギリス王国を築いたといわれるアーサー王。⬇円卓の騎士。アーサー王と円卓の騎士はヤフェトメーソンのグランドマスターとマスターメーソンだ。

アヴァロン島には黄金のリンゴがあった。リンゴの樹を守る精霊の名を「アップルツリーマン」と呼ぶ。マン島にはリンゴ畑はないが、これは象徴である。ヨーロッパにおいてリンゴはエデンの園にあった禁断の樹の実、つまりは「知識の樹の実」を意味する。男性の喉ぼとけのことをアダムのリンゴと呼ぶのは、このためだ。カッバーラの視点から見れば、アップルツリーマンとは人祖アダムのことにほかならない。

英語で人間は「マン」であるが、ヘブライ語では「アダム」である。マン島とは「アダム島」でもあるのだ。ここにやってきたヤフェトメーソンはアダムメーソンの本流だという自負がある。だからこそ、彼らの祖先は島の名前をマン島と名づけたのである。

ヤフェトメーソンの預言によれば、このマン島からは偉大なる預言者が現れ、失われたフリーメーソンを復元することになっている。一説に、すでに預言者は誕生し、ヘブルメーソンの組織を権能とともに回復したともいう。ヤフェトメーソンとセムメーソン、とくにヘブルメーソンの間をとりもつのは、古代エジプトにあって白人の妻を娶《めと》った預言者ヨセフの末裔であるのだとか。

マン島の隼とホルスの目

マン島の国旗の中央には、先述したようにトリスケリオンが描かれている。これとは別に、

↑トリスケリオンの右に烏、左に隼が描かれたマン島の紋章。

マン島には独自の紋章もある。王冠をあしらった赤い楯にトリスケリオンが描かれており、その両脇に鳥が描かれているものだ。向かって右に烏、左に隼が描かれている。下には「投げられても、起き上がってみせる」という不屈の闘志を示す文言が書かれている。

ここで注目は鳥である。隼はマン島を象徴する鳥だと説明されるが、その起源は古い。イギリスから遠く離れた古代エジプト文明に遡る。古代エジプト人は隼を太陽神の化身と考えた。英雄神としても名高いホルスである。

ホルスは両親であるオシリスとイシスとともに、エジプト三大神に数えられる。「生命の樹」でいえば、「御父：オシリス」と「御子：ホルス」と「聖霊：イシス」に対応する。ホルスはイエス・キリストであり、創造神ヤハウェだ。カッバ

⬆ホルスの右目と左目が描かれた壁画。右目は「ラーの目」、左目は「ウジャトの目」ともいわれる。

ーラの象徴図形のひとつに「プロヴィデンスの目：万物を見通す目」がある。三角形のなかにひとつ目が描かれたシンボルだ。目の主は創造神ヤハウェである。

一般にプロヴィデンスの目は左目である。これは堕天使ルシファーの目を意味する。「生命の樹」は表裏逆転、もしくは鏡像反転しているので、実際は右目である。プロヴィデンスの右目は創造神ヤハウェの目であり、イエス・キリストの目でもある。

古代エジプトにおいて、太陽と月は、それぞれホルスの右目と左目にたとえられた。右目は「ラーの目」、左目は「ウジャトの目」とも称す。ホルスの目は邪視と呼ばれ、魔除けの効果があるとして、神殿や護符にも描かれる。

エジプト神話によると、オシリスは兄セトによって殺された。オシリスを復活させるため、息子のホルスがセトに戦いを挑むも、このとき左目を負傷する。最後にはセトを討ち、オシリスを復活させることに成功するのだが、この物語のベースになっているのは天界の大戦争である。オシリスは御父エル・エルヨーンであり、ホルスは御子ヤハウェ、そしてセトはサタン、すなわち堕天使ルシファーなのだ。負傷したホルスの左目は、邪神セトを象徴するとともに、堕天使ルシファーの目でもあるのだ。

さて、改めてマン島の紋章を見てほしい。紋章に描かれた隼は右を向いている。したがって、描かれているのは右目である。つまりはラーの目であり、創造神ヤハウェの目を表現していることになる。

↑ホルス（左）は死と再生の神オシリスを復活させるため、セト（右）と戦った（中央はラムセス3世）。

さらに、恐ろしいことがある。紋章だけではない。そもそもマン島そのものが実はプロヴィデンスの目になっているのだ。地図をご覧いただきたい。マン島はアイリッシュ海の中央に浮かんでいる。その周囲をグレートブリテン島とアイルランド島が囲んでいる。よく見ると、両島は「八」の字を描いている。見立てによっては「△」である。つまり、マン島は三角形の中心に位置するプロヴィデンスの目なのだ。

しかも、だ。マン島は細長い。文字通り、筆で斜めに点を打った形をしている。これはヘブライ語のヨッドという文字にそっくりだ。このまま島のシルエットを置き換えたとしても、まったく違和感がない。英語のアルファベットでは「Y」に相当する。ユダヤ教において「Y」は神を意味する。創造神ヤハウェの「神聖四文字：テトラグラマトン」、すなわち「YHWH」の頭文字で、「Y」だけでもヤハウェを意味する。つまりは、マン島そのものがヤハウェの象徴になっているのである。

マン島の鳥と金鳥

マン島の紋章の隼がホルスを表し、その右目がラーの目、すなわちプロヴィデンスの目、創造神ヤハウェの目を象徴しているならば、向かい合った鳥は何か。左を向いているので、描かれているのは左目である。ホルスの目でいうウジャトの目だ。カッバーラでいえば、堕天使ルシファーの目になる。事実、鳥は不吉な鳥である。隼と鳥は、互いに陰陽の吉凶関係になっているという。

だが、そのまま「生命の樹」の三本柱からすれば、隼がイエス・キリストであり、烏は聖霊コクマーでもある。聖霊は、しばしば鳩の姿で描かれる。イエスが洗礼バプテスマを受けたとき、天から聖霊が鳩のように舞い降りたと『新約聖書』には記されている。

鳩と烏では、白と黒。平和と戦争のようなイメージが強いが、これもまた聖霊がもつふたつの顔ともいえる。「生命の樹」における聖霊の位置は峻厳の柱である。非常に厳しい。イエスに対する冒瀆は許されるが、聖霊への冒瀆は許されない。ケリッポトに陥るときは、すべて聖霊が支配する峻厳の柱に集められ、そこから「死の樹」へと落とされる。聖霊は冷徹な裁判官でもあるのだ。

⬆北欧神話の主神オーディンと、フギンとムニンの２羽の使いの烏。

　もっとも紋章に関する一般的な説明では、イギリス諸島にやってきたヴァイキングとの関係が指摘され

⬆大洪水が鎮まった後、乾いた陸地があるかを知るために烏を放つノア。烏と鳩はフギンとムニン同様、スパイである。

る。彼らが語る北欧神話の主神オーディンの使いが烏なのだ。伝説によれば、オーディンは魔術を得るために片目を失った。失明したのが右目なのか左目なのか、はっきりとした記述はないが、これも左右で意味が異なることを暗示している。右目ならば創造神ヤハウェの目であり、左目ならば堕天使ルシファーの目だ。

オーディンが従える烏は2羽。名をフギンとムニンという。世界中を飛び回り、さまざまな情報をオーディンに伝える役目がある。ありていにいえば、スパイである。日本の忍者のように暗闇の世界に潜んで、機密情報を収集している。

いうまでもなく、北欧神話の担い手はヤフェトメーソンである。ヤフェトメーソンの始祖ヤフェトはノアの箱舟に乗って旧世界から新世界へと生き延びた。大洪水が鎮まり、水が徐々に引いてきたところ、預言者ノアは乾いた陸地があるかどうかを知るために、鳥を放っている。フギンとムニン同様、スパイである。乾いたところがなかったため、鳥は箱舟の周囲を回っているだけだった。次に鳩を放つと、最初は出たり入ったりしていたが、やがてオリーブの芽をくわえてきた。これを見て、ノアは乾いた土地が現れたことを知る。次に鳩を放したとき、もう二度と帰ってくることはなかったという。

この故事に倣い、鳥には偵察隊、もしくは先導役としての意味がある。道に迷ったとき、どこからともなく現れて助けてくれるのだ。ヤフェトメーソンのもと、世界帝国を築き上げたアレキサンダー大王は、エジプトの砂漠で嵐に遭い、遭難しかけたことがある。そのとき、さっそうと現れたのが鳥である。鳥に導かれ、アレキサンダー大王は無事、シワのオアシスにたどり着き、アメン神殿でファラオに即位したという。

⬆マケドニア王で東方遠征によって大帝国を築いたアレキサンダー大王。エジプトで砂嵐に巻き込まれたとき、一羽の鳥に導かれオアシスにたどり着いた。

アレキサンダー大王を導いた烏は太陽神アポロンの使いであった。このように、しばしば烏は太陽神と結びつけられる。おそらく太陽の表面に見える黒点が烏に見立てられたのだろう。これはヤフェトメーソンのみならず、セムメーソンでも同様だ。アジア全域に広がったセムメーソン、なかでも中国でカッバーラを手にした者たちは太陽に棲む烏を象徴として掲げた。もっとも有名なのが秦《しん》である。中国全土を統一した秦始皇帝《しんのしこうてい》は烏を自らの紋章に掲げていた。

先述したように、烏には偵察隊や先導役といった意味がある。『旧約聖書』で語られる烏も、ただの動物の鳥としての烏以外に、諜報機関や秘密組織としての烏を読み解く必要がある。フリーメーソンには烏の称号をもつ秘密組織が存在するのだ。

日本の漢波羅秘密組織八咫烏

マン島の紋章にあるトリスケリオンと烏、そして隼をすべてそっくり神話として語り継ぐ国がある。日本である。日本神話には「八咫烏《やたがらす》」という巨大な烏が登場する。八咫烏は中国でいう金烏《きんう》のこと。太陽のなかに棲むという三本足の烏である。三本足とは、いうまでもなくトリスケリオンである。

しかも、日本神話における八咫烏は、熊野で道に迷った初代・神武《じんむ》天皇を先導したばかりではなく、戦の勝敗を左右する決定的な場面にも登場する。空から降臨し、神武天皇の弓矢に止まった八咫烏は光り輝く金鴉《きんあ》、すなわち「金鵄《きんし》」に姿を変えたのだ。金鵄とは金色の鳶《とび》のこと。別名を「天日鷲命《あめのひわしのみこと》」といい、いわば鷹や梟などの猛禽類を意味する。隼も同じ猛禽類である。マン島の紋章は、まさに八咫烏伝説を象徴しているといっても過言ではないのだ。

⬆太陽のなかに棲むといわれる三本足の八咫烏《やたがらす》。

もちろん、これは偶然ではない。日本にもヤフェトメーソンと同様、セムメーソンが存在するのだ。セムメーソンのなかでも、その本流ともいうべきヘブルメーソンがいる。ほかでもない。天皇である。日本国の象徴である天皇には秘密組織がついている。日本の建国以来、歴史の裏で天皇家を支えてきた組織の名を「八咫烏」と呼ぶ。

　八咫烏は呪術者集団である。神道の呪術、とりわけ陰《おん》陽道《みょうどう》の担い手である。陰陽道は森羅万象を陰と陽で解く思想だが、その陰陽道にも表と裏がある。裏の陰陽道のことを迦波羅《かばら》という。迦波羅とはカッバーラのことだ。裏の陰陽師《おんみょうじ》のことを漢波羅《かんばら》と称すのだが、彼らはカッバーリストにして、フリーメーソンである。

　漢波羅秘密組織八咫烏の組織はヘブルメーソンと基本

⬆神武《じんむ》天皇と金鵄《きんし》。長髄彦《ながすねひこ》との戦いの際、神武天皇の弓矢の先に金鵄が降臨し、戦いに勝利した。

的に同じである。モーセの組織でいえば、アロンとモーセとフルの3人幹部にイスラエル12支族の族長、それに70人弟子から成る長老組織サンヘドリンだ。同様に、イエス・キリストの組織でいえば、ペトロとヤコブとヨハネの3人幹部にイエス12使徒、それに70人弟子である。

　漢波羅秘密組織八咫烏の場合、烏天狗と呼ばれる70人の八咫烏がいる。その上に12人から成る十二烏がおり、彼らは大烏と呼ばれる。十二烏のうち幹部3人は、特別に三羽烏として金鵄の称号をもつ。金鵄は3人でひとりの裏天皇を構成する。天皇と裏天皇は表裏一体となり、極東におけるヘブルメーソンを率いているのである。

当然ながら、ヘブルメーソンである以上、天皇はもとより、漢波羅秘密組織八咫烏のメンバーは、すべてイスラエル人である。カッバーラの奥義を手にし、預言者の権能をもったユダヤ人原始キリスト教徒である。カトリックやギリシア正教、プロテスタントにはないイエス・キリスト直系の思想と権能が日本には確実に存在するのである。

失われたイスラエル10支族

なぜ、日本にヘブルメーソンの本流が存在するのか。その大きな理由は歴史上から消えたイスラエル人の存在にある。ソロモン王の時代、絶頂期を迎えた古代イスラエル王国であったが、その後、内部抗争が勃発。紀元前922年に10支族から成る北朝イスラエル王国と2支族から成る南朝ユダ王国に分裂する。

このうち、北朝イスラエル王国は紀元前722年にアッシリア帝国によって滅ぼされ、人々はメソポタミア地方へと連行される。いわゆるアッシリア捕囚だ。捕囚されたイスラエル人たちは、不可解なことに、いつの間にか忽然と姿を消す。具体的な記録に残っていないことから、世界史最大の謎とも呼ばれる。これが世にいう「失われたイスラエル10支族」である。

これまでにわかっているところによると、失われたイスラエル10支族はメソポタミア地方から預言者に率いられて北上し、北アジアの草原地帯へと移住。そこから本体は北極圏へと進み、

⬆北朝イスラエル王国を滅ぼしたアッシリア帝国。

やがて姿を消す。ちょうど、このとき地球的規模の大天変地異が起こり、彼らは亜空間の別世界へと入り込んだ。外典のひとつ「エズラ記（ラテン語）」には「アルザル」という名前で出てくる。アルザルは地球内部に広がる異世界で、失われたイスラエル10支族の本隊は、ここで膨大な数となり、高度な文明を発達させている。

一方、別動隊はアッシリア帝国に侵入してきた騎馬民族スキタイと行動をともにする。もともと遊牧民であったイスラエル人は、そのまま同化し、ひとつの騎馬民族集団を形成する。イスラエル系騎馬民族は北アジアから東北アジア、そして朝鮮半島へと流入。4世紀ごろ、拠点を構えていた朝鮮半島の南部、伽耶《かや》から九州へと上陸。圧倒的な機動力で倭国を征服し、大和朝廷を樹立する。

初代天皇として即位したのは失われたイスラエル10支族のひとつ、ガド族の大王である。記紀神話では、第15代・応神《おうじん》天皇である。渡来人である応神天皇は、畿内にあった邪馬台国の王

⬆前方後円墳として知られる仁徳《にんとく》天皇陵。この形はマナの壺を象っている。

家に入り婿する形で王権を継承した。

このとき、応神天皇はイスラエルの三種神器のひとつ、マナの壺を手にしていた。強大な征服王朝の王権のシンボルである巨大な前方後円墳は、このマナの壺を象っている。

かつては円墳と方墳の合体したものであるとか、ホタテ型墳墓が進化したものだとかいわれてきたが、ようやく最近になって壺がモデルだと学術的に認められるようになってきた。壺のなかには異世界がある。神仙界があり、死んだ大王の魂が帰る場所として作られたのだという。

だが、実際は壺は壺でも、マナの壺なのだ。ユダヤの古い伝承によれば、マナの壺を継承したのはガド族であった。ガド族はマナの壺を保持し、この日本にまでやってきた。

現在、マナの壺は伊勢神宮の外宮《げくう》に祀られている。

しかも、神器を手にしているということは、配下に祭司レビ人がいることを示している。しかるべきカッバーラの権能をもった祭司が騎馬民族とともに渡来してきた。いうまでもなく、ヘブルメーソンである。

秦始皇帝と徐福

失われたイスラエル10支族が騎馬民族となって渡来してきたとき、倭国には邪馬台国が存在した。「魏志倭人伝」に記された女王・卑弥呼の国である。もっとも、騎馬民族が渡来してきた4世紀には、すでに卑弥呼は死去していた。卑弥呼は、もともと隣の投馬国の出身で、古代豪族の海部《あまべ》氏であった。海部氏と同族である物部《もののべ》氏は九州から畿内へと集団移住し、さらに投馬国とゆるやかな連合を組んだことで、後期邪馬台国＝前期大和朝廷が成立。そこへ応神天皇が渡来してきた。

応神天皇の歴史は初代・神武天皇の神話として『古事記』や『日本書紀』に記されている。神武天皇が九州から畿内に東征した際、すでに畿内には同じ天神であるニギハヤヒ命がいた。ニギハヤヒ命は物部氏の祖である。言葉を換えると、失われたイスラエル10支族がやってきたとき、すでに畿内には同じイスラエル人がいたことを意味する。

物部氏と同族の海部氏もまた、大陸からやってきたイスラエル人である。彼らは南朝ユダ王国にいたユダヤ人である。紀元前５７８年、新バビロニア王国によって南朝ユダ王国が滅亡したとき、人々は首都バビロンへと連行された。有名なバビロン捕囚だ。

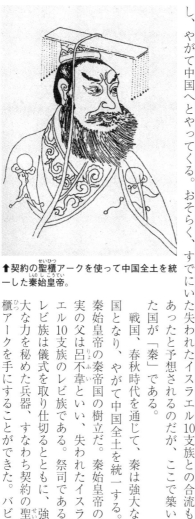

約50年後、アケメネス朝ペルシアによって解放されるのだが、このとき、そのまま現地に残ったユダヤ人たちがいる。東ユダヤ人、ミズラヒ系ユダヤ人である。彼らは東アジアへと移動し、やがて中国へとやってくる。おそらく、すでにいた失われたイスラエル10支族との合流もあったと予想されるのだが、ここで築いた国が「秦」である。

⬆契約の聖櫃《せいひつ》アークを使って中国全土を統一した秦始皇帝《しんのしこうてい》。

　戦国、春秋時代を通じて、秦は強大な国となり、やがて中国全土を統一する。秦始皇帝の秦帝国の樹立だ。秦始皇帝の実の父は呂不韋《りょふい》といい、失われたイスラエル10支族のレビ族である。祭司であるレビ族は儀式を取り仕切るとともに、強大な力を秘めた兵器、すなわち契約の聖《せい》櫃《ひつ》アークを手にすることができた。バビ

⬆秦始皇帝の命を受け、不老不死の仙薬を求めて旅立った徐福《じょふく》。その真の目的は日本に国を開かせることだった。

ロン捕囚の際、契約の聖櫃アークは行方不明になったが、実は、ある場所に秘匿され、やがて秦始皇帝の手に渡る。秦始皇帝は契約の聖櫃アークを使って中国全土を平定したのである。

　秦始皇帝は晩年、不老不死を夢見たといわれる。ご所望に応えて、秦始皇帝の前に現れたのが徐《じょ》福《ふく》である。道教の呪術師、方士であった。秦ではなく、斉《せい》の国の出身であったが、実は秦始皇帝と同族で、同じ嬴《えい》姓であった。徐福もまた、ミズラヒ系ユダヤ人だったのである。

　徐福は秦始皇帝の命を受けて、東海に浮かぶ三神山、すなわち蓬萊《ほうらい》・方丈《ほうじょう》・嬴州《えいしゅう》山へ不老不死の仙薬を求めて旅立った。一時、手ぶらで帰国するも、再び童男童女と技術者たちを率いて出港する。しかし、ついに帰国することはなかった。噂によると、徐福は広大な土地を得て、ひとつの国を開き、自ら王となったという。

徐福が向かった先が日本列島である。最初に上陸したのは丹後で、2番目に上陸したのが九州である。徐福の民は、それぞれ海部氏と物部氏となった。彼らもまた、ミズラヒ系ユダヤ人である。

預言者であった秦始皇帝はカッバーラの呪術師であった徐福を召して、日本で国を開くように密命したのだ。技術者を大量に同行させたことからわかるように、彼らはヘブルメーソンである。ヘブルメーソンが日本に大和国を開かせた。「大和＝ヤマト」とはヘブライ語で「神の民」を意味する。邪馬台国も正しくは「ヤマト国」で、正しくイスラエル人の国を意味しているのである。その意味で日本におけるヘブルメーソンは「ヤマトメーソン」と呼んでいい。

ちなみに、徐福がやってきたとき、日本には、すでに縄文人と弥生人がいた。具体的にアイヌと熊襲《くまそ》、琉球民族である。彼らもまた、イスラエル系であった。アメリカ大陸を経由してやってきた海洋民族がルーツである。

ヘブルメーソン秦氏とヤフェトメーソン漢氏

かつて南北に分裂した古代イスラエル王国の民は、それぞれ別々のルートをたどりながら、聖地エルサレムから極東の日本へとやってきた。失われたイスラエル10支族とミズラヒ系ユダヤ人のヘブルメーソンが建国したのが大和なのだ。その大和におけるヘブルメーソンを完成させたのが、イエス・キリスト直系の弟子であるエルサレム教団である。

ユダヤ人原始キリスト教から成るエルサレム教団は第1次ユダヤ戦争が勃発する紀元66年の直前、ユダヤから集団で姿を消す。彼らは聖地エルサレムを離れ、ヨルダン河東岸のペラという町へ移住し、そのまま歴史上から消えてしまうのだ。

彼らが向かったのは東アジアである。シルクロードを通り、中国へとやってくると、彼らは古代ローマ帝国「大秦」からやってきた人々ということで「秦氏」と称し、自らをユダヤ人「イエフダー」と名乗った。イエフダーは、いつしか転訛してハダ、ハタとなる。

東アジアでは非漢民族で、柵外の遊牧民を「秦人」と呼んでいたため、秦氏《はたし》も同じ扱いを受けた。当時、騎馬民族として朝鮮半島に流入してきた失われたイスラエル10支族はもちろん、秦帝国が滅亡して、そこからやってきた亡命者も、みな秦人と呼ばれた。「魏志韓伝」によると、秦人たちは言語や風習が異なっており、先住民の馬韓の人々は忌み嫌い、朝鮮半島の東半分を割いて与えたとある。こうしてできたのが「秦韓：辰韓」と「弁韓：弁辰」、後の「新羅《しらぎ》」と「伽耶」である。

4世紀、騎馬民族が九州へと上陸した際、いっしょにやってきたのが秦氏である。記紀によると、秦氏は応神天皇の時代に朝鮮半島から渡来してきたと記されている。大陸の進んだ技術によって、秦氏は巨大古墳や治水などを行い、養蚕業によって巨大な富を得た。フリーメーソンとしての本領発揮といったところだろうか。

実は、このとき秦氏といっしょに朝鮮半島からやってきた渡来人がいる。「漢氏《あやし》」である。漢氏のアヤとは伽耶諸国のひとつ、「安耶《あや》」のこと。彼らのルーツも遠く西アジアにあった。正体はエルサレム教団といっしょにやってきたパルティア人である。ユダヤ人原始キリスト教徒がやってきたペラは古代ローマ帝国の隣、パルティア領内にあった。パルティアはアーリア系で、アルサケス朝ペルシアとも呼ばれる。

中国語でパルティアは「安息」といい、出身者は「安氏」を称した。漢氏には数多くの姓があったが、安氏も、そのひとつ。漢氏からは坂上田村麻呂《さかのうえのたむらまろ》

⬆漢氏《あやし》の末裔である坂上田村麻呂《さかのうえのたむらまろ》。ペルシア系の白人の血を引くヤフェトメーソンだ。

⬆京都の太秦《うずまさ》にある木嶋坐天照御魂《このしまにますあまてるみたま》神社の境内に立つ三柱鳥居。

を輩出している。坂上田村麻呂は金髪で赤い顔をしていたといわれるが、それもそのはず、ペルシア系の白人の血を引いていたのだ。彼らは、ヤフェトメーソンである。日本においても、ヤフェトメーソンとセムメーソンは一体となって、ヤマトメーソンを形成しているのだ。

ヤマトメーソンのグランドマスター聖徳太子

日本において秦氏は次々と神社を建立していく。本来、神道は物部氏が信仰していたもので、本来はユダヤ教である。物部神道の顕教は多神教で、密教は一神教だ。これに対して秦氏の神道は原始キリスト教である。秦神道の顕教は多神教で、密教は三神教なのだ。これを端的に表現しているのが京都の太秦《うずまさ》にある三柱《みはしら》鳥居である。三本足であることからわかるように、これはカッバーラの「生命の樹」である。

ユダヤ人原始キリスト教徒である秦氏はユダヤ人ユダヤ教徒である物部氏を征服し、大和国をイエス・キリスト王国に作り替えた。大和朝廷の国家を整備するにあたって、カッバーラを手にしたレビ族の編成を行い、漢波羅秘密組織八咫烏を組織したのが、かの聖徳太子である。聖徳太子の側近は秦氏の族長、太秦の称号をもつ秦河勝《はたのかわかつ》である。

日本において、聖徳太子は大工の祖である。日本の大工さんたちは聖徳太子を信仰している。これを「太子講」と呼ぶ。というのも、聖徳太子は世界最古の木造建築である法隆寺を建立したからだ。仏教導入にあたって、当時、たくさんの寺が建てられた。寺を建築する大工さんたちを聖徳太子は束ねていたのだ。文字通り、聖徳太子は日本のフリーメーソンなのだ。

しかも、聖徳太子が生まれたのは馬小屋である。母、間人《はしひと》皇后が馬小屋で産気づいたので、別名を「厩戸皇子《うまやどのおうじ》」と呼ぶ。世界広しといえども、馬小屋で生まれた聖人はふたりしかいない。聖徳太子とイエス・キリストである。歴史学者の久米邦武氏は聖徳太子伝説にはキリスト教の影響があると指摘したが、まさに、その通り。バックにはユダヤ人原始キリスト教徒の秦氏がいたのだ。イエス・キリスト自身が大工であることを考えると、まさに聖徳太子はヤマトメーソン

⬆聖徳太子の側近で太秦の称号をもつ秦河勝《はたのかわかつ》。

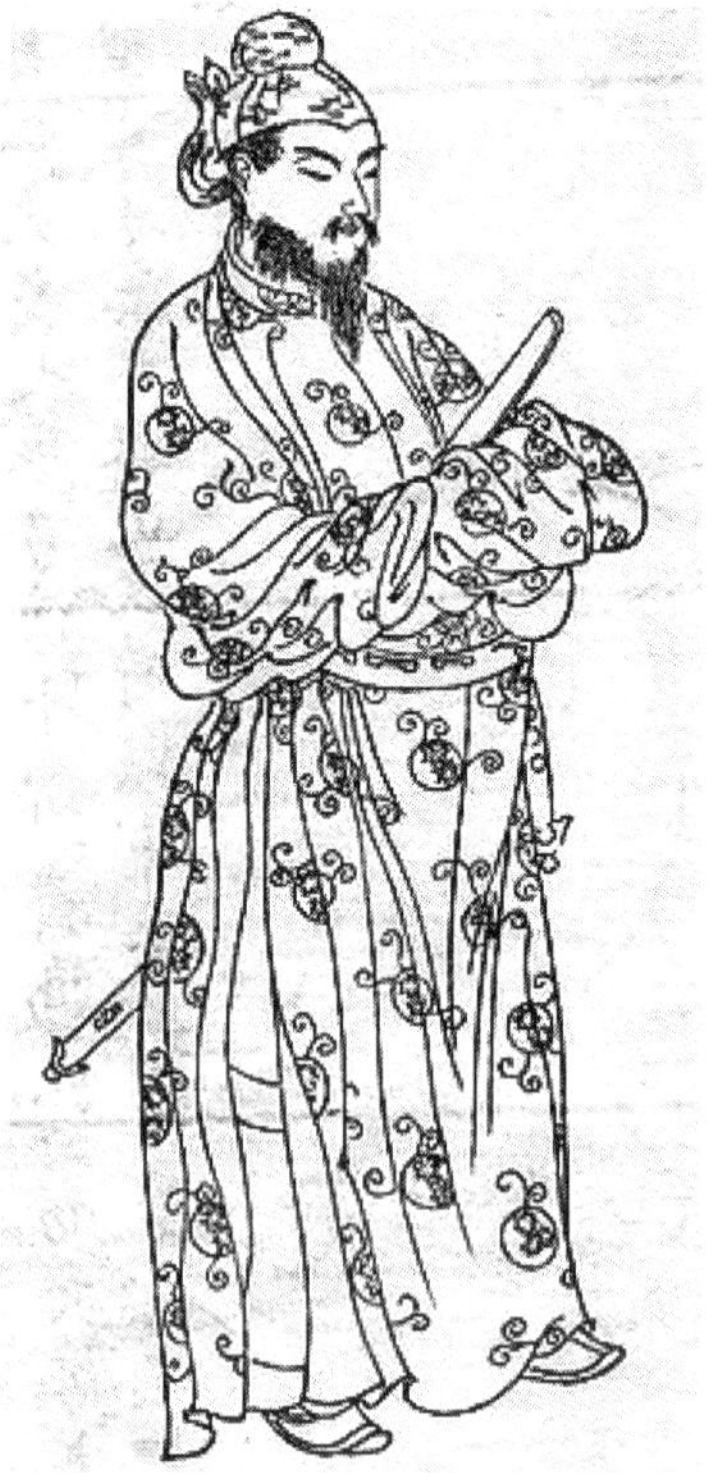

⬆「厩戸皇子《うまやどのおうじ》」の別名がある聖徳太子。イエス・キリストと同じように馬小屋で生まれたという伝説にはユダヤ人原始キリスト教徒の秦氏が関わっている。

のグランドマスターであることがわかるだろう。

飛鳥時代、聖徳太子を含めて、天皇家は蘇我氏《そがし》が支配していた。蘇我氏が台頭してくるきっかけとなったのが第26代・継体《けいたい》天皇である。先代の武烈《ぶれつ》天皇との間には、実は皇統断絶があり、ここで血統はガド族からレビ族へと移っている。継体天皇以降、聖徳太子も含めて、現在の天皇家はレビ族である。しかも、大預言者モーセ直系のレビ族であることが判明している。

ここにおいて、かつて大預言者モーセが組織したヘブルメーソンが見事に復活したのである。

大祭司の権能をもったモーセの子孫がヘブルメーソンのグランドマスターとして君臨し、カッバーラの奥義を知る漢波羅秘密組織八咫烏が裏で支える。これが極東イスラエル帝国、ヤマトメーソンの正体なのである。

終末預言

この世は自己相似形、いわゆるフラクタル構造になっている。「生命の樹」も、フラクタルを形成しながら、無限に広がっていく。たとえば、絶対三神を象徴する三本柱は物質における原子、すなわち陽子と中性子と電子に対応する。御父が中性子で、御子が陽子、そして聖霊が電子である。それぞれ御父と御子が肉体をもっているのに対して、聖霊は霊体のみ。これは陽子と中性子の質量に対して電子の質量が2000分の1であることにも照応しているほか、電気的な関係が「生命の樹」の陰陽関係にも相似している。

人類史も、しかり。人間は受肉する以前、霊体だった。天界に住む天使だった。人祖アダムは天使ミカエルだった。これに対して、悪魔は受肉することがない。永遠に霊体のままである。原因は絶対神に対する反逆である。熾天使《してんし》ルシフェルが傲慢になり、堕落した結果、堕天使ルシファーとなり、仲間の天使たちとともに絶対神に戦いを挑んだ。堕天使ルシファーを討ったのは大天使ミカエルだった。かくして、堕天使ルシファーと仲間たちは天界から地に落とされ、

⬆天界の大戦争を描いた絵画。天使たちは３つの派閥に分かれ、ふたつが絶対神につき、ひとつが堕天使ルシファーについた。

そのまま地獄へ縛りつけられた。

天界の大戦争の際、全天使たちのうち3分の2が絶対神についた。これに対して3分の1の天使が堕天使ルシファーについたと「ヨハネの黙示録」には記されている。これは、もともと天使も「生命の樹」の三本柱、つまりは３つの派閥で形成されていたことを示している。３つの天使団のうち、ふたつの天使団が絶対神につき、ひとつの天使団が堕天使ルシファーについたというわけだ。

受肉し、人類として誕生した人間たちも、やがて世の終わり、再び天界の大戦争を再現することになる。人類最終戦争ハルマゲドンである。終末の世、人類は大きく3つのグループに分けられる。ほとんどの人類は自覚できないだろうが、そのように仕組まれる。実行するのはフリーメーソンである。新世界におけるノアメーソン、すなわちヤフェトメーソンとセムメーソン、そしてハムメーソンが人類を振り分けるのである。

ただし、ここで試す者が現れる。絶対三魔である。堕天使ルシファーが反キリスト＝黙示録の獣666を召命し、そこに宗教的な権威を与える偽預言者が現れる。偽預言者の宗教団体は世界的であり、歴史的にも最大規模を誇る。イエス・キリストの名を標榜しながらも、カッバーラを理解せず、預言者をいただいたこともない教会である。

彼らをバックアップするフリーメーソンもいる。カインメーソンである。フリーメーソンに寄生し、その中枢に悪魔の秘密組織、13人委員会を抱く悪魔のイルミナティだ。彼らはハムメーソンを使う。ハムメーソンをもって、ヤフェトメーソンとセムメーソンの連合と対峙するのである。

それは出エジプトにおけるファラオとモーセの対立を雛形とする。やがて軍産複合体という力をもって、アメリカは世界統一を成し遂げる。デビッド・ロックフェラーが夢見た世界統一政府である。君臨する支配者こそ、反キリスト＝黙示録の獣666である。彼は出エジプトにおけるファラオだ。彼は自由を奪われた全人類を地獄へ叩き落とすために、人類最終戦争を引き起こす。男はハムメーソンのグランドマスターだ。

黙示録には、このときふたりの預言者が立ちはだかると預言されている。彼らは世界中の

⬆黙示録に登場するふたりの預言者。3年半にわたる預言が終わると底なしの穴から出てくる独裁者に殺されるが、3日半後に復活する。

人々が見守る前で殺された後、奇跡的に復活する。このふたりの男は、それぞれヤフェトメーソンとセムメーソンのグランドマスターである。カッバーラの権能をもって、魔物に立ち向かい、奇跡を起こすのだ。

しかも、それはけっして遠い未来のことではない。時は近い。徐々に終末の準備は整いつつある。マン島にいるヤフェトメーソンの首領、グランドマスターも、いよいよ動き出した。これに呼応し、極東イスラエル帝国である日本のヘブルメーソン、漢波羅秘密組織八咫烏も、密かに行動を開始した。

人類最終戦争の引き金を引くのはヘブルメーソンの役割である。鍵となるのは「島」である。ヤフェトメーソンの奥の院であるマン島も、ヘブルメーソンの奥の院である日本も、ともに島である。「生命の樹」がフラクタル構造になっているように、この日本列島は世界大陸の雛形になっている。ということは、だ。ヤフェトメーソンの奥の院であるマン島に相当する島も存在する。

日本列島におけるマン島、それは「隠岐」である‼

2019年、飛鳥昭雄は漢波羅秘密組織八咫烏の密命を受け、島根県の沖合いに浮かぶ隠岐へと向かった。

あとがき

イギリスと日本は似ている。ともに島国である。ユーラシア大陸から多くの人が海を渡ってきて、王朝を建てた。4世紀、古代の日本列島に騎馬民族がやってきて、大和朝廷を開いたように、イギリスもまた、大陸のフランスからウィリアム1世がやってきて、ノルマン朝を開いた。歴史的に、このノルマン朝がイギリス王室の始まりである。

しかし、両国には大陸からの渡来人によって王朝が開かれる以前、すでに王国が存在していた。日本でいえば邪馬台国であり、イギリスでいえばアーサー王のブリトン王国だ。ブリトン人を率いたアーサー王が古代イギリス王国を築いていた。ブリトン人は古代ケルト人であり、彼らがグレートブリテン島を支配していた。

もっとも、アーサー王の伝説は史実ではない。あくまでも伝説であるというのが、アカデミズムの見解だ。中世の騎士物語であり、アーサー王自身、実在しない。アーサー王の聖杯伝説や円卓の騎士も、所詮は、みなキリスト教の影響を受けた創作にすぎないというわけである。

確かに、学問的にはそれでいい。「彼ら」にしてみれば、そのほうが好都合だ。虚構だと一般の人が思っていてくれていたほうがいい。歴史の裏で、さまざまな仕掛けをほどこしてき元も子もない。

呪術師、もっといえば超古代から続く由緒正しきフリーメーソンたちにとって、存在を疑われたほうがいいのだ。わざわざ存在を誇示して、いらぬ世間の注目を浴びて活動に支障が出たら、元も子もない。

世の中の真実は、常に逆説的だ。伝説のアーサー王が最後にたどり着いたのは「島」だった。その名を「アヴァロン」。ケルト語でリンゴを意味する。古代において、リンゴが自生する島などない。ゆえに、アヴァロンは実在しないとされるが、これは暗号である。リンゴは禁断の樹の実で、アダムが食べたとき、喉に詰まらせたのが原因で、以後、男性には喉仏があるのだとか。もちろん、後世の付会なのだが、リンゴをもち出すことで、人祖アダムを暗示している。『旧約聖書』の原典で使用されているヘブライ語でアダムは人名のみならず、普通名詞として「人間」を意味する。英語でいえば「マン」である。

驚くべきことに、グレートブリテン島とアイルランドに囲まれたアイリッシュ海には、その名も「マン島」がある。マン島には「アップルツリーマン」の伝承がある。アップルツリーとは、先に見たように禁断の樹である。ここだけは触れてはいけない。まさに禁断の島なのだ。

一般にマン島といえば、モトクロスの競技が行われ、独自の通貨を発行しているぐらいしか知られていない小さな島である。が、呪術の世界において、これほど恐ろしい島はない。近代フリーメーソンが成立できたのも、すべてマン島にいる超古代フリーメーソン、ヤフェトメーソンがあってこそ。今も、隠然たる影響力がある。

おそらく史上初めてだろう。フリーメーソンの奥の院を説く人は多いが、マン島に触れた者は皆無だ。大英帝国の研究は多いが、マン島の王家を語る者は少ない。イギリス王室の統治下にあると語っても、実際は、その真逆である。イギリスで発祥した近代フリーメーソンはもとより、はるか古代から連綿と続く超古代フリーメーソンの中枢は、ここマン島にあるのだ。

もちろん、非常に危険である。マン島にあるフリーメーソン、マンメーソンに近づくことは命の危険をともなう。現段階で公表できるギリギリの情報を今回、公表した次第である。このことが今後、フリーメーソンはもとより、全世界に、どんな影響を与えるのか。考えるだに恐ろしい。

しかし、賽は投げられた。後戻りはできない。ヤフェトメーソンが動けば、対するセムメーソンも動かざるを得ない。大英帝国のイギリス王家にマン島があるように、大日本帝国の天皇家にも、奥の院たる「島」がある。それが「隠岐」だ。続刊『失われたユダヤの龍宮城「隠岐」の謎』では、封印された禁断の扉を開く。期待してほしい。

今回も共著者として全面的に協力してくれた三神たける氏と編集作業でお世話になった西智恵美氏に感謝の意を表したい。

サイエンス・エンターテイナー　飛鳥昭雄

●編集制作●西智恵美
●写真提供●ムー編集部ほか
●イラスト●久保田晃司
●聖書引用●日本聖書協会
●DTP制作●明昌堂

MU SUPER MYSTERY BOOKS

失われたフリーメーソンの奥の院「マン島」の謎

2021年12月28日　第１刷発行

著者――飛鳥昭雄／三神たける
発行人――松井謙介
編集人――長崎有
発行所――株式会社　ワン・パブリッシング
〒110-0005　東京都台東区上野3-24-6
印刷所――中央精版印刷株式会社
製本所――中央精版印刷株式会社

●この本に関する各種お問い合わせ先
本の内容については、下記サイトのお問い合わせフォームよりお願いします。
https://one-publishing.co.jp/contact/

不良品（落丁、乱丁）については　Tel 0570-092555
業務センター　〒354-0045　埼玉県入間郡三芳町上富279-1

在庫・注文については書店専用受注センター　Tel 0570-000346

ワン・パブリッシングの書籍・雑誌についての新刊情報・詳細情報は、下記をご覧下さい。
https://one-publishing.co.jp/